Ama tu soledad

Papel certificado por el Forest Stewardship Council®

MIXTO
Papel | Apoyando la
silvicultura responsable
FSC® C117695

Penguin
Random House
Grupo Editorial

Primera edición: febrero de 2024

© 2024, Borja Vilaseca
© 2024, Penguin Random House Grupo Editorial, S. A. U.
Travessera de Gràcia, 47-49. 08021 Barcelona

Printed in Spain – Impreso en España

ISBN: 978-84-19248-84-8
Depósito legal: B-21.406-2023

Compuesto en Llibresimes, S. L.

Impreso en Black Print CPI Ibérica
Sant Andreu de la Barca (Barcelona)

VE 4 8 8 4 8

BORJA VILASECA

Ama tu soledad

Muchas veces la mejor compañía
la encuentras estando solo

VERGARA

Índice

PRIMERA PARTE

LA ADICCIÓN A LAS RELACIONES

SEGUNDA PARTE

LOS MIL PASOS HACIA LA LIBERTAD

TERCERA PARTE

LA ALEGRÍA DE LA SOLITUD

Borja Vilaseca (Barcelona, 1981) trabaja como escritor, divulgador, conferenciante, profesor, emprendedor social, empresario, inversor y creador de proyectos pedagógicos orientados a promover un cambio de paradigma en la sociedad. Su propósito de vida es posibilitar que el mayor número de seres humanos despierte y viva conscientemente. Por eso, ante todo, se considera un activista educativo y un agitador de consciencias.

Es el fundador de Utópika Labs, un conscious *venture builder* desde el que está creando y financiando proyectos pedagógicos orientados a transformar la mentalidad de la sociedad. Entre éstos destaca Kuestiona, una comunidad de autoconocimiento para buscadores e inconformistas que impulsa programas presenciales y online para que las personas se conviertan en el cambio que este mundo tanto necesita. También de La Akademia, un movimiento ciudadano que promueve de forma gratuita educación emocional y emprendedora para jóvenes de entre 18 y 23 años, presente en más de 50 ciudades de 8 países. Y Terra, una escuela consciente de 1 a 18 años que promueve una metodología muy innovadora que permite que los niños y las niñas crezcan de forma orgánica, desarrollándose en todas las áreas y dimensiones de su vida.

Es uno de los referentes de habla hispana en el ámbito del autoconocimiento, el desarrollo espiritual y la reinvención profesional. Cuenta con más de 3 millones de seguidores en todas sus redes sociales. Es uno de los mayores expertos en Eneagrama del mundo: desde 2006 ha impartido más de 300 cursos presenciales y online para más de 75.000 personas en diferentes países. En paralelo, está introduciendo el Eneagrama en el mundo del cine, colaborando como asesor creativo y desarrollador de personajes para directores, guionistas y actores.

Como escritor ha publicado 9 libros: *Encantado de conocerme*, *El Principito se pone la corbata*, *El sinsentido común*, *Qué harías si no tuvieras miedo*, *Las casualidades no existen*, *Tú eres lo único que falta en tu vida*, *Ama tu soledad*, *El prozac de Séneca* y *Ni felices ni para siempre*, estos dos últimos por medio de su pseudónimo, Clay Newman. Su obra literaria ha sido traducida y publicada en 23 países y ha vendido más de 500.000 libros.

Para más información, visita las páginas webs del autor:
<borjavilaseca.com>
<fundacionutopika.com>
<kuestiona.com>
<laakademia.org>
<terraec.es>
<utopikalabs.com>

También puedes seguirlo en sus redes sociales:
▶ Borja Vilaseca
⬛ @borjavilaseca
f Borja Vilaseca
🐦 @BorjaVilaseca
in Borja Vilaseca

A mi maravillosa hija Lucía
y a mi espectacular hijo Lucas.
Gracias de corazón por ayudarme
a sanar a mi niño interior

Un día me di cuenta de que la mayoría de seres humanos lleva una vida de silenciosa desesperación. Y no quería ser uno de ellos. Me retiré a los bosques porque deseaba vivir con propósito, enfrentando solo los hechos esenciales de la existencia para aprender lo que éstos tenían que enseñarme. Quería vivir profundamente, desechando lo accesorio y lo superfluo. Y todo ello para evitar darme cuenta, en el momento de mi muerte, de que no había vivido. Más que el amor, el dinero o la fama lo que deseaba era la verdad. Y en aquella cabaña —solo y rodeado de naturaleza— descubrí que no hay compañera más sociable que la soledad.

HENRY DAVID THOREAU

I

Este libro
es terapéutico

Una noche fría de invierno un grupo de erizos se encontraba a la intemperie —en medio de la planicie de una elevada montaña—, sin ningún lugar donde resguardarse. Y para evitar morir congelados empezaron a juntarse en busca de calor. Sin embargo, al aproximar sus cuerpos se herían los unos a los otros pinchándose sin querer con sus afiladas púas, lo que provocaba que volvieran a alejarse. Pero al hacerlo sentían nuevamente un frío insoportable.

Esta desagradable situación sumergió al colectivo de erizos en la siguiente disyuntiva: acercarse y lastimarse o distanciarse y congelarse. Pasadas unas horas, finalmente encontraron la forma de ubicarse los unos junto a los otros manteniendo una distancia adecuada: ni demasiado cerca ni demasiado lejos. De este modo consiguieron sobrevivir y preservar su calor corporal sin recibir dolorosas punzadas.[1]

1. Confesión del autor

Voy a ser muy sincero contigo desde el principio: desde que tengo uso de razón he odiado estar solo. Me causaba mucha angustia, tristeza y ansiedad. De ahí que escribir este ensayo forme parte de mi terapia. Se trata de un «libro terapéutico». Para ello, voy a abrirme en canal, compartiendo contigo asuntos muy íntimos que espero te sirvan en tu propio proceso. Y es que aprender a amar la soledad está siendo uno de los retos más grandes de mi vida. Me ha llevado a confrontar mis heridas de infancia y los fantasmas de mi pasado. Y también a *perder* a algunas de las personas que más he querido.

Mi historia —como la tuya y la de todos— comenzó el día de mi nacimiento. Tuve un parto muy complicado, de los que en la mayoría de casos se muere el recién llegado. Apenas podía respirar. Mis pulmones se ahogaban debido a los residuos originados por el desprendimiento de placenta que padeció mi madre durante el octavo mes de embarazo. Nací prácticamente muerto. Y una de las enfermeras me devolvió a la vida tras realizarme la reanimación boca a boca. Por poco no lo cuento. Todavía me pregunto si aquello me convierte en alguien que nació con estrella o simplemente estrellado.

Debido a la gravedad de mi salud, mi primer mes y medio de existencia lo pasé metido en una incubadora. Solo. Sin apenas contacto físico. Con un aparato de respiración asistida enganchado a mi nariz. Y numerosas ventosas adosadas a mi cuerpo para medir mis constantes vitales. Así fue mi bienvenida a este mundo: solitaria y dolorosa. De hecho, al salir del hospital padecí fotofobia. Mis ojos no paraban de llorar por no soportar la luz del sol.

INFANCIA COMPLICADA

Irónicamente, lo peor comenzó al llegar a casa. Como muchos otros seres humanos nací en el seno de una familia disfuncional. Me tocó crecer en un hogar marcado por la violencia psicológica. Mi madre —que en paz descanse— era una mujer muy atormentada y narcisista. Estaba muy traumada como consecuencia de ser hija de un hombre extremadamente frío, exigente e iracundo. Y tiranizada por sus demonios internos, nos maltrató psicológicamente a mí y a mis hermanos hasta que los tres nos fuimos de casa por la puerta de atrás, completamente desquiciados.

Mientras, mi padre —totalmente ausente— decidió mirar para otro lado, refugiándose en su despacho para no tener que lidiar con semejante drama. Se limitó a ejercer de proveedor a nivel económico y material. Nunca nos faltó de nada. Y eso es algo por lo que siempre le estaré agradecido. Eso sí, en la jerga psicológica se le llama «padre avestruz»: enterró su cabeza debajo de la tierra para evitar el conflicto. Y no le culpo. En sus peores momentos mi madre se convertía en un monstruo irreconocible. Y enfrentarse a ella sólo hacía que empeorar las cosas, agravando el nivel de gritos, tensión y malestar.

Si bien el día a día en casa era un auténtico polvorín, de puertas para afuera mis padres fingían que todo iba bien, aparentando ser un matrimonio feliz. Por eso desde muy jovencito he repudiado la falsedad, la mentira y la hipocresía. El mundo de los adultos me sigue pareciendo un teatro repleto de máscaras y farsantes... Finalmente a los 19 años toqué fondo. Entré en una profunda depresión y pensé seriamente en suicidarme.

ROTO POR DENTRO

A pesar de mi insoportable vacío existencial no fui a ningún terapeuta. Les tenía mucha manía. Seguramente porque mi madre trabajaba como psicóloga familiar... Tampoco me tomé ningún antidepresivo. Eso sí, mi manera de escapar del dolor fue tapándolo todo lo que pude. Me volví adicto a morderme las uñas, a la nicotina, a la marihuana y al azúcar refinado. Y los fines de semana me emborrachaba hasta el olvido. Estaba tan roto por dentro que durante mi adolescencia me convertí en un suicida en potencia. Probé todas las drogas que pude. Y estuve a punto de morir en varios accidentes de moto y de coche provocados por una mezcla explosiva entre embriaguez, inmadurez e inconsciencia.

Intenté desesperadamente compartir mi sufrimiento con mis amigos de aquel entonces, pero me sentí muy incomprendido. Ni yo mismo sabía qué me ocurría. Así es como me fui volviendo un joven asocial, aislándome voluntariamente de los demás. Todo me parecía una mierda. Me generaba un profundo rechazo la sociedad. De la noche a la mañana rompí con mi grupo de colegas, desapareciendo radicalmente de mi entorno social. Sin embargo, me sentía como el «lobo estepario»:[2] era incapaz de estar con otras personas, pero tampoco sabía estar solo...

Como consecuencia de mi maltrecha autoestima, cada vez que me enamoraba de una chica terminaba preso de la dependencia emocional. Y me poseía un irracional miedo al rechazo y al abandono. No en vano, estaba convencido de que la felicidad procedía de las relaciones en general y del amor de una novia en particular. Paradójicamente, este exceso de apego insano destruía mi capacidad de amar y de ser amado de verdad. Ésta es la razón por la que estos vínculos sentimentales siempre terminaban de la misma manera: con más sufrimiento.

RETIROS DE SOLEDAD

Mientras escribo estas líneas acabo de cumplir cuarenta y tres años. Madre mía lo que ha llovido desde entonces. He mantenido una relación de pareja de dieciocho años que me ha transformado por completo. Y para la que sólo tengo palabras y sentimientos de agradecimiento. Y lo mismo me ha sucedido con la paternidad. Mis dos hijos me han hecho de espejo, reflejándome con su inocencia lo traumado que estaba. Sin duda alguna, la familia que he creado está siendo mi mejor medicina. Ahora mismo son mi fuente de inspiración para ser un hombre consciente, un padre amoroso y un compañero estable, generoso y cuidador. Éste es mi mayor compromiso y el proyecto más importante de mi vida.

A lo largo de todo este tiempo he realizado una veintena de retiros de soledad. Todos ellos rodeado de silencio y acompañado por la naturaleza. También he viajado varias veces como mochilero en solitario por diferentes rincones del planeta. Y tengo que reconocerlo: cada vez que me quedaba a solas conmigo mismo había momentos en los que no podía parar de llorar. En todas esas ocasiones mi corazón se volvía a inundar de angustia, tristeza y ansiedad. En la zona del plexo solar sentía un dolor agudo y punzante, como si un cuchillo en llamas empezara a cortarme y despedazarme por dentro.

Con el paso de los años —y fruto de mi proceso de introspección, sanación y transformación— he ido soltando los diferentes parches que empleaba para evitar sentir aquella horrible y desquiciante sensación. Y poco a poco he conseguido liberarme de las adicciones que otrora gobernaban mi existencia, armándome de valor para sumergirme en aquel gigantesco agujero negro. Al principio estaba todo oscuro y sentí un terror inmenso al asomarme a lo que parecía un abismo infinito. Sin embargo, en la medida en que fui adentrándome acabé encontrando la forma de encender una luz desde el interior. Fue entonces cuando por fin vi lo que había detrás de mi dolor: un niño pequeño herido, asustado y abandonado... Nunca he derramado más lágrimas en toda mi vida.

Este descubrimiento significó un punto de inflexión en la forma de relacionarme conmigo mismo. Desde entonces mantengo una relación mucho más sana y nutritiva con mi niño interior, procurando que mi autoestima se nutra del amor propio que me profeso a mí mismo. Así es como evito —en la medida de lo posible— que mi bienestar emocional dependa de alguien o de algo que proceda del exterior. En este sentido, desde finales de 2019 vivo sin WhatsApp. Esencialmente porque me di cuenta de que lo utilizaba —sobre todo— para anestesiar mi miedo a la soledad. Abandonar voluntariamente el uso de esta aplicación fue un proceso bastante parecido a desintoxicarse de una droga... Cuantos más años cumplo, más alucino con todo lo que he hecho, todo a lo que me he atado y todo lo que me he engañado para evitar sentirme solo.

EL FALLECIMIENTO DE MI MADRE

A su vez, este trabajo interior me posibilitó finalmente perdonar a mi madre y amarla con todo mi corazón. Durante sus últimos diez años de vida mantuvimos un bonito vínculo basado en el afecto y la complicidad. Harta de sufrir, ella también inició su viaje de autoconocimiento y experimentó su propio despertar de consciencia. Fue una abuela ejemplar y por momentos pude disfrutar de su verdadera esencia: el amor, el altruismo y la humanidad. Aquejada por una enfermedad terminal falleció a finales de 2021. Y lo cierto es que la echo de menos. Con mi padre mantengo una bonita relación llena de complicidad. Muchos de los valores esenciales que mueven mi vida —como la honestidad, la integridad y la generosidad— se los debo a él. Me gusta mucho poder contar con sus consejos —es abogado mercantil—, aunque a menudo se queja de que no le hago tanto caso como a él le gustaría...

Sea como fuere, la muerte de mi madre provocó —de forma sincrónica— que algo se desbloqueara dentro de mí. Fue entonces cuando por fin me metí de lleno en mi viaje hacia la soledad para liberarme —de una vez por todas— de la excesiva dependencia emocional que desde siempre me ha acompañado. E hice lo que nunca creí que llegaría a hacer: iniciar un proceso psicoterapéutico con un psicólogo clínico. Siento que es una manera de honrar el legado de mi madre. Y la verdad es que me está yendo de maravilla.

Desde entonces ya no sufro ni temo tanto la soledad como antaño, sino que la necesito y la busco más de lo que hubiera podido imaginar. Y hoy puedo decir con una sonrisa que he aprendido a disfrutar de mi compañía. Siento que he encontrado un sano equilibrio entre estar conmigo y pasar tiempo con los demás. Por fin sé cómo crear vínculos genuinamente satisfactorios y auténticos. Tengo la fortuna de contar con bastantes amigos de mucha calidad. Y hace ya muchos años que no hago ningún papelón social. Me siento libre para ser quien verdaderamente soy sin tener que justificarme ni dar explicaciones.

Sin afán de parecer masoquista, doy gracias por haber tenido que recorrer este camino tan arduo e intenso, pues es precisamente el que me ha permitido convertirme en quien hoy soy. A eso se refieren los filósofos estoicos cuando dicen «*amor fati*». Es decir, «amor al destino». Eso sí, por medio de este libro voy a compartir contigo lo que me hubiera encantado que alguien me hubiera contado cuando comencé mi sendero espiritual. Espero de corazón que mi pequeña experiencia vital te sirva para allanar y facilitar el tuyo. ¡Buen viaje!

En lo más profundo del invierno,
sentí que había en mí un verano invencible.

ALBERT CAMUS

2. El dilema del erizo

Si te fijas en tu existencia, te darás cuenta de que se trata de un pulso invisible entre la soledad y la sociedad. Es decir, entre estar solo y estar con otras personas. En general te cuesta encontrar el tan ansiado punto de equilibrio entre sentirte realizado como individuo y gozar de vínculos verdaderamente auténticos y satisfactorios. Hay una verdad incómoda —y seguramente negada— que te ha llevado a interesarte por este libro: no te sientes del todo pleno por ti mismo. Ni tampoco te acaban de llenar las interacciones sociales con los demás. En el fondo de tu corazón sigues sintiéndote solo y vacío. ¿Por qué será?

Por un lado, estar a solas contigo no te termina de colmar. Es como si te faltara siempre algo o alguien para sentirte del todo completo. Y por el otro lado, relacionarte y convivir con el resto de personas que componen tu entorno familiar, social y profesional te pasa factura en forma de desencuentros y sufrimento. Tanto es así que posiblemente ahora mismo estás instalado en la resignación —quedándote en una especie de tierra de nadie—, amparándote en la mítica expresión «no puedo vivir contigo ni sin ti»...[3]

Esto es precisamente lo que plantea «el dilema del erizo».[4] Esta parábola pone de manifiesto la paradoja de nuestra condición humana: no podemos vivir del todo juntos, pero tampoco del todo separados. Somos seres sociales, lo que contribuye a nuestro desarrollo y supervivencia. Nos necesitamos los unos a los otros. De ahí la expresión «ningún ser humano es una isla».[5] Eso sí, teniendo en cuenta la importancia de preservar nuestra independencia y mantener nuestro propio espacio. En caso contrario, el conflicto tiende a aparecer con más frecuencia.

LAS PÚAS DEL EGO

Seguro que lo has experimentado: cuanto más cercano e íntimo es tu vínculo con alguien, más probable es que lo *pin-*

ches —o seas *pinchado* por él— con las *púas* del ego. Ésta es la razón por la que tus mayores encontronazos y perturbaciones se producen con tus seres queridos. Sin duda alguna los padres, los hermanos, las parejas y los hijos se llevan la palma. Es una ley inmutable: la proximidad genera complicidad, calor y cariño, pero también roce. Y éste a veces daña y lastima.

Frente a este dilema hay quienes tienden a polarizarse en exceso, cayendo en uno de los dos extremos. Por un lado están los que —por no saber estar solos— se pierden en los demás, creyendo que necesitan y dependen de la gente para obtener amor y sentirse felices. En estos casos sus relaciones se intoxican con el virus del apego insano —más conocido como «dependencia emocional»—, generando un sinfín de peleas, discusiones y malentendidos. Y en muchos casos terminan como el rosario de la aurora.

Por el otro lado están quienes —por no saber convivir con los demás— se pierden en sí mismos, creyendo que no necesitan a nadie ni dependen de nada. Así es como se envician con el veneno de la indiferencia, convirtiéndose en ermitaños completamente asociales. Y en muchos casos terminan resentidos y amargados. Todo esto lo sé por experiencia personal. He transitado por estos dos extremos en diferentes etapas de mi vida. Y me ha costado muchos años comprender —y algunos más verificar— que la verdad no es de color blanca inmaculada ni negra oscura, sino gris neutra. Y tiende a encontrarse recorriendo el camino del medio.

> *Amo la humanidad, pero no soporto a la gente.*
>
> CHARLES SCHULZ

3. La nicotina social

Piénsalo bien. ¿Qué sueles hacer cuando te sientes solo? Buscar compañía o entretenimiento, ¿no es cierto? Y hoy en día la forma más rápida y fácil de conseguirlo es cogiendo tu teléfono móvil y mirar el WhatsApp. O echar un vistazo a tus redes sociales. Y por supuesto llamar a alguien. Es un acto tan mecánico como inconsciente. No es algo que decidas libre y voluntariamente. Simplemente sucede. No te permites sentir soledad ni un segundo. Y no es para menos. Se trata de una sensación molesta, incómoda y desagradable. Quién en su sano juicio querría experimentarla.

Sin embargo, el hecho de que no quieras ni sepas sostener esta emoción te ha convertido —sin saberlo— en un yonqui de las relaciones. No es tanto que desees compartir(te) con otras personas; en realidad las necesitas —y utilizas— para tapar tu vacío interior. A menos que aprendas a estar solo y seas feliz por ti mismo, tu verdadera motivación para relacionarte siempre va a estar viciada por el miedo a la soledad.

El primer paso para ser libre es también el más difícil: consiste en dejar de engañarte y reconocer tu estado de esclavitud. Pero no te fustigues. Tu adicción a las relaciones humanas es una consecuencia directa de la manera en la que has sido condicionado. Es algo que le pasa prácticamente a todo el mundo. Formas parte de una especie enganchada a la «nicotina social».[6] Es decir, a la irracional necesidad de estar permanentemente en contacto con otras personas, ya sea de forma analógica o digital. Lo cierto es que esta patología está muy bien vista por la sociedad. De hecho, el sistema en el que vives es en sí mismo un gran parche para evitar sentirte solo, poniendo a tu disposición durante veinticuatro horas al día todo tipo de estímulos con los que mantener tu mente distraída, anestesiada y narcotizada.

Proceso de desintoxicación social

Te lo aviso desde el principio: he concebido este libro como un proceso de desintoxicación social. Su función es acompañarte paso a paso para que sepas cómo desengancharte de esta droga. Que quede claro que no estoy en contra de las relaciones. Ni mucho menos. Cuando se construyen de forma consciente me parecen una maravilla. Lo que estoy es a favor de la conquista de la soledad. Y a la libertad de elección que deviene como consecuencia.

Esto no tiene nada que ver con el hecho de que tengas (o no) pareja, familia o amigos. Consiste en algo mucho más importante y profundo: el tipo de relación que mantienes contigo mismo. Sobre todo porque el resto de las relaciones no son más que un juego de espejos donde te ves reflejado y de pantallas en las que te proyectas. La calidad y autenticidad de tus vínculos son directamente proporcionales al grado de amistad y de complicidad que mantienes contigo.

Si has seguido leyendo hasta aquí, por favor, no te creas nada. Sé muy escéptico con todo lo que he escrito. Analiza y cuestiona cada capítulo que leas en este ensayo. Si bien está basado en mi experiencia, no pretendo aleccionarte ni convencerte de nada. Atrévete a verificar empíricamente la información y el conocimiento que reside en las páginas que siguen. Te animo de corazón a que extraigas tus propias conclusiones por medio de tus vivencias personales. Ojalá que al terminarlo tengas muy claro cómo cultivar el arte de estar solo. Y ya te avanzo: voy a hacer lo posible para removerte, provocarte e inspirarte para que te adentres en el terrorífico y apasionante viaje de sanación y transformación que implica amar tu soledad.

Hasta que no te sientas a gusto estando solo,
nunca sabrás si estás eligiendo a alguien por amor
o por soledad.

SÓCRATES

PRIMERA PARTE

LA ADICCIÓN A LAS RELACIONES

II

El miedo a la soledad

Había una vez una niña que tenía pánico a la oscuridad. Era incapaz de dormir sola. Creía que un monstruo vivía debajo de su cama. Y todas las madrugadas acababa metida en la de sus padres. Cuando cumplió diez años la situación se volvió insostenible. Llegó un día en que éstos se plantaron. Muy amorosamente le dijeron que tenía que aprender a dormir en su cuarto. Eso sí, para amortiguar el varapalo emocional le regalaron un osito de peluche que tenía una linterna. Se encendía y apagaba tocando su corazón.

La niña aceptó a regañadientes. Lo único que les pidió es que esa primera noche se quedaran con ella hasta que se hubiera dormido. Y eso hicieron. Le leyeron un cuento y se tumbaron a su vera hasta que se quedó frita. Viendo que hacía mucho calor, la madre abrió un poco la ventana. Mientras, el padre colocó el osito de peluche junto a los brazos de su hija, con la luz de la linterna encendida.

Ambos salieron del cuarto y dejaron la puerta entreabierta. Seguidamente bajaron al piso de abajo y se pusieron a ver la televisión. Apenas treinta minutos después, una ráfaga de viento cerró bruscamente la puerta de su cuarto. Y dicho estruendo provocó un susto tremendo en la niña. Dicho espasmo provocó que el osito se escurriera por debajo de su cama. Y al impactar contra el suelo se apagó la linterna.

La noche del terror

Lo primero que hizo la niña fue pegar un grito y ponerse a llorar desconsoladamente. Estaba aterrada. «¡Mamá, papá! ¡Venid a ayudarme!». Sin embargo, éstos no llegaron a escucharla. Su peor pesadilla se había hecho realidad. Estaba sola, a oscuras y perdida... Empezó a gatear a ciegas y tras varios minutos buscando la salida finalmente dio con la puerta. Pero sus manos estaban tan sudadas que no pudo girar el pomo.

En ese instante comprendió que necesitaba ir a por la linterna. «Los monstruos no existen», se dijo en voz alta, dubitativa. Y nada más hacerlo se le pusieron los pelos de punta. Así fue como la niña confrontó su mayor miedo de infancia. Le llevó casi un minuto dar con el osito de peluche. Y tras pulsar su corazón se encendió la luz. La niña respiró aliviada al comprobar que efectivamente ahí no había nadie. Lo había conseguido. Ella solita, sin ayuda de nada ni de nadie. Para calmarse un poco, cogió uno de sus cuadernos y se puso a pintar. Y poco después se quedó dormida sentada sobre el escritorio.

A la mañana siguiente sus padres fueron a darle los buenos días. Y para su sorpresa se encontraron a su hija junto a unos lápices de colores y un dibujo. Era un autorretrato de sí misma luchando y venciendo a una extraña y gigantesca criatura. La niña nunca más volvió a tener miedo de la oscuridad. Al vencer a aquel monstruo se había vencido a sí misma. Y aquella victoria la marcó para siempre.[7]

4. Estar solo *versus* sentirse solo

Estar solo no tiene nada que ver con sentirte solo. De hecho, son dos cuestiones completamente diferentes. Sé que de entrada puede parecerte algo muy obvio, pero en realidad no lo es tanto. Prueba de ello es que el Diccionario de la Real Academia Española (RAE) emplea la palabra «soledad» para designar ambos significados al mismo tiempo. Más concretamente, la define como «carencia voluntaria o involuntaria de compañía» y «pesar y melancolía que se sienten por la ausencia, muerte o pérdida de alguien o de algo». Sin embargo, esta definición no es del todo exacta ni correcta.

Sin ir más lejos, en la lengua inglesa sí que utilizan dos palabras distintas para expresar estas dos acepciones: por un lado está «*loneliness*», la cual significa «sentirse solo». Por el otro, «*solitude*», que quiere decir «estar solo», sin connotaciones emocionales ni negativas de ningún tipo. E incluso tienen «*oneliness*», que expresa «el estado de ser (o sentirse) uno». Se trata de una palabra actualmente en desuso, la cual hace referencia a una sensación de profunda conexión con uno mismo.[8] ¿Por qué será?

Dicho esto, a partir de ahora —y a lo largo del resto del libro— voy a utilizar «soledad» para designar la emoción de sentirse solo, la cual es una experiencia psicológica y subjeti-va. Y «solitud» para indicar el acto de estar solo, una realidad física y objetiva. Esta palabra sí existe en lengua castellana, pero ya nadie la utiliza. Y la RAE la define como «carencia de compañía» y «lugar desierto». Es decir, que en la propia defini-ción oficial viene implícito el hecho de que cuando estás solo te falta alguien... Pero, ¿y qué hay de ti? ¿Acaso no puedes hacerte compañía a ti mismo?

DESVINCULAR LA SOLEDAD DE LA SOLITUD

El primer paso en el camino de la verdadera madurez con-siste en desvincular la soledad de la solitud. Resulta para-dójico que puedas experimentar soledad estando rodeado de mucha gente y sentirte acompañado estando en solitud, sin nadie a tu alrededor. Y es que la soledad deviene como consecuencia de la falta de conexión, no como efecto de la ausencia de personas. Para sentirte solo no es necesario es-tar solo. La causa real de tu soledad no es física, sino mental y espiritual: deviene cuando estás desconectado de ti mis-mo —de tu verdadera esencia— y excesivamente identifica-do con el ego. En última instancia, se trata de una cuestión de percepción totalmente subjetiva que nada tiene que ver con la compañía ajena. Ni tampoco con el decorado de tu vida.

El problema de fondo radica en el hecho de que no sabes estar solo sin sentirte solo. De ahí que veas la solitud como la carencia del otro y tiendas a vivirla con cierta angustia, ansiedad o tristeza. Ésta es la razón por la que —en general— cuando estás solo anhelas la compañía de alguien más. Esencialmente porque tú no sueles estar ahí, contigo. Y al no estar presente en tu interior más profundo no sabes cómo hacerte compañía. Por eso proyectas afuera —en los demás— lo que no has sabido encontrar dentro de ti. Todavía.

Tu sentimiento de soledad pone de manifiesto que ahí no hay nadie: ni tú ni el otro. Y dado que esta ausencia es incómoda y dolorosa, equivocadamente sigues yendo en busca de otros para evitar sentirte solo. Curiosamente, es muy común escuchar la expresión «estoy solo» para hacer referencia al hecho de que en estos momentos no mantienes una relación sentimental con otra persona. Sin embargo, en este caso no es que estés solo, sino que estás sin pareja, que no es lo mismo.[9] El gran reto que plantea este libro es que conquistes la solitud, aprendiendo a estar a gusto en tu propia compañía. Es decir, a saber estar solo sin sentirte solo. Al fin y al cabo, todo se reduce a la relación íntima que mantienes (o no) contigo mismo.

> *No hay peor soledad que sentirte solo estando*
> *acompañado.*
>
> HERMANN HESSE

5. El estigma de la solitud

La consecuencia directa de creer que soledad y solitud son sinónimos es que estar solo está muy mal visto en nuestra sociedad. De hecho, tiene una connotación muy negativa. Especialmente en España y Latinoamérica. En estos países, la inmensa mayoría de las personas ensalza el colectivo y demoniza la individualidad. Es una cuestión cultural, totalmente arraigada en lo más profundo de nuestro subconsciente.

No sé si te has fijado, pero el adjetivo «solitario» suele utilizarse de forma peyorativa. ¿Cómo ve la sociedad a las personas de más de treinta años que *todavía* no se han establecido en pareja? ¡Y ya no digamos a las de más de cuarenta años! En general se las mira con cierta lástima y se las percibe como «bichos raros». Principalmente porque se salen de la *norma* socialmente establecida: áquella que dictamina que lo *normal* es que compartas tu existencia con otro ser humano hasta que la muerte os separe...

Sea como fuere, las personas extremadamente sociales son valoradas y aplaudidas, sin importar si el motor de su sociabilidad reside en escapar de sí mismas, utilizando a los demás como parches para tapar su vacío existencial. Por el contrario, los individuos más solitarios son juzgados e incluso tachados de «egoístas». Irónicamente, a menudo gozan de mucha más inteligencia, sensibilidad y mundo interior que la mayoría que los rechaza y condena.

LA SOCIEDAD REPUDIA AL SOLITARIO

Detrás de estos prejuicios se esconde una incómoda verdad que muy pocos están dispuestos a reconocer: que de forma inconsciente e infantil se sigue teniendo un terror irracional a la soledad. Y el hecho de que se siga superponiendo sistemáticamente esta emoción sobre la solitud pone de manifiesto que a día de hoy casi nadie sabe estar verdaderamente solo, a gusto consigo mismo. ¿Cómo podrían si la simple idea de estar a solas con ellos mismos les horroriza?

Pobre de ti como se te ocurra expresar en voz alta que estás cansado de tanta interacción social por resultarte a menudo tan falsa, superficial y aburrida. ¡No te lo perdonarán! La sociedad repudia al individuo solitario, a quien percibe como alguien marginado, loco y antisocial. Esencialmente porque no puede entender que prefiera estar consigo mismo que con los demás. ¿Cómo no va a hacerlo? Éste le recuerda el estado de dependencia a la nicotina social en el que malvive la mayoría. De ahí que la solitud se estigmatice.

Si eres como la mayoría puede que sigas asociando el disfrute a la compañía ajena y la amargura a la solitud. Y no es para menos. La propaganda de la sociedad te ha hecho creer que estando solo no puedes hacer ningún plan. Ni mucho menos pasártelo bien. Una imagen arquetípica que la gente inconsciente tiene de la solitud es estar solo en casa, sentado en el sofá y haciendo nada. Y solo de pensarlo le entran escalofríos. Por eso hacen cualquier cosa —por muy absurda, nociva o decadente que sea— para evitar estar a solas consigo mismas.

CUESTIONAR LA PERCEPCIÓN CULTURAL

Llegados a este punto, es fundamental que seas consciente de que formas parte de una sociedad muy enferma y neurótica. No es un juicio subjetivo, sino una mera descripción objetiva. De ahí la importancia de que te atrevas a desafiar y cuestionar la percepción cultural tan extendida y distorsionada que se tiene de la solitud. Es fundamental que comprendas —e interiorices— que estar solo no tiene nada que ver con el rechazo, el abandono, el aislamiento o la exclusión social. Por el contrario, la solitud consiste en estar y conectar contigo. Es decir, con pasar tiempo de calidad con la persona más importante de tu vida, la única con la que convives 24 horas al día los 365 días al año: tú.

Evidentemente no es lo mismo la solitud impuesta que la escogida de forma libre y voluntaria. El ejemplo que suele ponerse es el de las personas mayores que pasan sus últimos años de vida solas, aparcadas en una habitación lúgubre de una inhóspita residencia de ancianos... Es muy cierto que no siempre puedes gozar de la compañía de los demás. Y que tarde o temprano llegará un día en que tengas que afrontar tu final estando solo. De ahí la suprema importancia de que aprendas a ser un buen compañero para ti mismo, buscando la solitud de forma proactiva siempre que puedas para ir poco a poco afianzando la relación contigo.

Dicho esto, ¿cuánto tiempo pasas a solas? ¿Qué tal te llevas con la persona que ves en el espejo cada mañana? ¿Te caes bien? Y más importante aún: ¿cómo te sientes cuando estás solo, sin nadie a tu alrededor? ¿Y qué sueles hacer cuando la soledad viene a visitarte? ¿Sabes hacerte compañía? Tú eres el único que puede saber realmente el tipo de vínculo intelectual, emocional y espiritual que estás manteniendo contigo mismo. Ser radicalmente honesto es fundamental para llevar a buen puerto tu transformación.

Negar y rechazar la solitud es negarse y rechazarse a uno mismo, pues solamente estando solo puedes descubrir quién eres en realidad.

WALT WHITMAN

6. Un terror ancestral

¿Has observado alguna vez cómo reacciona un niño pequeño cuando —por un simple descuido— lo dejas solo en un entorno desconocido? En cuestión de segundos se pone a berrear de manera completamente irracional, emitiendo gritos desgarradores llenos de terror y de angustia. Es como si de pronto lo estuviera atacando un monstruo horrible... Y no es para menos. Concebir la solitud como un castigo es una creencia profundamente arraigada en el inconsciente colectivo de la sociedad.

De hecho, se trata de una práctica que se popularizó a principios del siglo XIX en las prisiones modernas. El llamado «confinamiento solitario» —todavía vigente en la actualidad— consiste en encerrar al reo en una celda aislada del resto de reclusos, privándole de cualquier interacción social, contacto físico, conexión emocional y experiencia sensorial durante veintidós horas al día durante un tiempo indefinido. Sigue siendo una de las penas más temidas. Y es considerada por los defensores de los derechos humanos como otra forma de tortura —incluso más dañina que la brutalidad física—, pues tiene efectos muy perjudiciales sobre la salud mental de quienes la padecen.[10]

Dicho esto, ¿por qué en general nos incomoda tanto estar solos? ¿Por qué la soledad es una de las emociones que más tememos como especie? El hecho de que la solitud te genere un rechazo tan visceral no es una cuestión meramente psicológica. Tiene un importante componente biológico. El miedo a la soledad está arraigado en tu memoria ancestral. Lo llevas grabado en tus genes. No es exagerado afirmar que tienes motivos prehistóricos para que no te guste estar a solas.

LA FUNCIÓN DE LA SOLEDAD

En los albores de la humanidad, el mundo era un lugar hostil lleno de amenazas y peligros que ponían constantemente en riesgo la integridad física de las personas. De ahí que formar parte de un grupo fuera fundamental para sobrevivir. La gente permanecía rodeada y acompañada en todo momento por otros seres humanos. A nadie se le ocurría separarse y aislarse de su comunidad. Y la exclusión y el ostracismo eran lo peor que le podía pasar a cualquier miembro de la tribu.

En el transcurso de la evolución humana, la soledad acabó convirtiéndose en una función más de nuestro instinto de supervivencia. ¿Verdad que el hambre te lleva a prestarle atención a tu necesidad física de alimentarte para gozar de salud, energía y vitalidad? Pues lo mismo sucede con la soledad: te hace ser consciente de tu necesidad social de compañía para gozar de mayor apoyo, protección y seguridad.[11]

Nuestras habilidades sociales surgieron primordialmente para garantizar nuestras posibilidades de conservar la vida en un entorno extremadamente duro y desafiante. Durante gran parte de nuestra existencia los seres humanos fuimos cazadores-recolectores. Vivíamos integrados en el medio natural y formábamos parte de la cadena alimentaria de otros depredadores con los que compartíamos territorio, como leones, tigres, osos y lobos. Colaborar y cooperar entre nosotros enseguida se convirtió en un requisito imprescindible para conseguir alimentos, encontrar cobijo, asegurar la supervivencia de los hijos y permanecer a salvo.[12]

EL DOLOR SOCIAL

Con el paso del tiempo, nuestro cerebro se fue desarrollando y afinando cada vez más para poder formar lazos sociales. Y también para aprender a mantener vínculos con la comunidad en la que habíamos nacido y a la que perteneceríamos durante el resto de nuestra vida. En aquel contexto, la solitud era lo menos deseable del mundo, pues literalmente podía significar la muerte. De ahí que para nuestros antepados la exclusión social fuera algo tan temido. Ésta es la razón por la que estar solo te produce un terror ancestral.

Para evitar preventivamente cualquier situación que pudiera poner en riesgo nuestra supervivencia, el cuerpo humano desarrolló el «dolor social». Se trata de un mecanismo de defensa que se dispara cuando te sientes rechazado o excluido por el grupo. Esta desagradable e incómoda sensación tiene la finalidad evolutiva de mantenerte cerca del clan al que perteneces. Y actúa como un freno invisible para evitar que optes por el aislamiento voluntario.[13]

A pesar de que ya no vivimos en las cavernas dicho dolor te sigue alertando de que estás poniendo en peligro tu supervivencia. Es la forma que tiene tu instinto más primario de motivarte a buscar compañía en los demás. Estás biológicamente programado para temer la soledad y desear siempre estar rodeado de otras personas. Por eso la soledad, el rechazo y el abandono te causan tanto tormento y malestar. Y también el motivo por el que —en casos extremos— pueden llegar a generarte ataques de ansiedad o de pánico, pensando incluso que te vas a morir...

La fortaleza y la valía de un ser humano se miden
por la cantidad de soledad que es capaz de soportar.

FRIEDRICH NIETZSCHE

7. El horror al vacío

La soledad es una de las experiencias más universales. Está considerada como uno de los mayores desafíos para la salud de nuestra época.[14] Y todo apunta a que esta emoción va a convertirse en la epídemia psicológica del siglo XXI, pues está incrustándose en el corazón de cada vez más seres humanos. Un gigantesco estudio[15] revela que entre el 30 % y el 50 % de la población mundial experimenta «soledad con frecuencia» y considera que sus relaciones con los demás «no son significativas».

Una de las grandes ironías de nuestro tiempo es que, cuanto más se desarrolla tecnológicamente un país, más solos y aislados dicen sentirse los ciudadanos que viven en él.[16] Y es que más que conectarte con otros, las pantallas digitales te mantienen enchufado a una pseudorrealidad que termina por drenarte físicamente, embotarte mentalmente y desconectarte espiritualmente.

Es entonces cuando sientes cómo se abre en tus entrañas un pozo sin fondo que no se llena con nada ni con nadie. Y para colmo, está demostrado científicamente[17] que la soledad merma tu sistema inmune y altera tu sistema nervioso, volviéndote más proclive a padecer todo tipo de enfermedades cardiovasculares. Y no solo eso: sentirte sólo a menudo también es el primer paso antes de caer en depresión.

LO QUE LA SOLEDAD ESCONDE

De toda la gama de sentimientos y estados de ánimo que puedes llegar a experimentar a lo largo de tu existencia, la soledad es una de las más difíciles de sostener. Esencialmente porque esta emoción combina una serie de sensaciones tremendamente intensas y dolorosas, como el abandono, la angustia, la ansiedad, el desamparo, la desesperación, la melancolía, el miedo, la nostalgia, el rechazo, la tristeza o el vacío. La soledad literalmente te muerde y te carcome por dentro, hasta el punto de que no sabes qué hacer con ella. Por eso son muy pocos los que se atreven a sentirla y afrontarla con consciencia. El resto huye como bellacos a la primera de cambio, nada más verla venir... Sabes perfectamente de lo que te hablo, ¿no es cierto?

Desde una perspectiva psicológica, ¿qué hay detrás de la soledad? ¿Qué provoca que unas personas sean más susceptibles que otras de padecerla? Existen dos causas principales. La primera es la falta de autoestima. Y ésta deviene cuando piensas que «el amor viene de afuera», creyendo que la fuente de tu bienestar proviene solamente de tu relación con los demás. Así es como poco a poco te vas olvidando de ti, desatendiendo tus propias necesidades emocionales.

Cuanto menos te conoces, te valoras y te amas a ti mismo, mayores son tus posibilidades de sentirte solo cuando te encuentras a solas contigo. Y dado que la soledad es una sensación tan incómoda y molesta tiendes a distanciarte de ti, involucrándote todo lo que puedes en la vida de quienes te rodean para evitar hacer lo que más temes: ocuparte de tu mundo interior. Así es como entras inconscientemente en un círculo vicioso: cuanto más te alejas de ti, más solo te sientes. Y cuanto más solo te sientes, más te alejas de ti.

En este caso, la falta de amor propio te lleva a querer que te quieran. Y a necesitar que te necesiten, otorgándole todo el poder a los miembros de tu entorno familiar y social. Al no saber acompañarte a ti mismo, dependes de la compañía ajena para no experimentar la dolorosa soledad. La principal consecuencia de esta forma equivocada de pensar y de actuar es que irremediablemente te acabas perdiendo en las personas que te rodean, estableciendo vínculos viciados por el apego insano y la dependencia emocional.

El lado oscuro del aburrimiento

La segunda causa que provoca que caigas preso de la soledad es el exceso de aburrimiento. Y éste emerge cuando piensas que «la felicidad viene de afuera», creyendo que tu fuente de disfrute proviene solamente de estímulos, sustancias y acontecimientos externos. Así es como lenta y progresivamente te vas enajenando de ti, disociándote de tus emociones y sentimientos.

Al no estar bien contigo mismo, te vuelves adicto a cualquier persona, cosa o experiencia que te reporte placer o entretenimiento de forma inmediata y constante. Todo con tal de no pensar ni sentir nada desagradable ni negativo. Actuando de este modo, lo que en realidad estás buscando es narcotizarte y evadirte de la insatisfacción que sientes en tu interior por vivir tan desconectado de ti mismo.

En este caso, el vacío existencial que padeces es tan insoportable que te transforma en un escapista profesional, convirtiendo tu existencia en una huida permanente. Estás tan lleno de dolor que te vuelves incapaz de vivir el momento presente. Ésta es la razón por la que tu día a día acaba marcado por el ruido (para no escucharte), la hiperactividad (para no sentirte) y la superficialidad (para no profundizar en ti). En el fondo lo que más temes es quedarte a solas, en silencio y sin nada que hacer. Todo con tal de no sufrir. Sin embargo, por más que intentes huir de tu propia sombra, tarde o temprano ésta te acecha. Y te devora sin piedad hasta que decidas hacer lo revolucionario: dejar de mirar hacia otro lado y conquistar tu solitud.

Si te sientes solo cuando estás solo es que estás mal acompañado.

JEAN PAUL SARTRE

III

La herida de abandono

Un buen día, un hombre se fijó en un detalle muy curioso acerca de la forma en la que su mujer solía preparar bocadillos calientes de jamón y queso hechos con pan de molde en una sartén. Lo primero que le extrañó fue que siempre cortaba de forma sistemática la corteza de los cuatro bordes del pan, reduciendo así el tamaño de cada sándwich. Y a pesar de que la sartén era lo suficientemente grande como para cocinar varios bocadillos a la vez, ella los hacía uno por uno, lo cual le llevaba el doble de tiempo.

Estupefacto, el marido finalmente le preguntó: «Cariño, ¿por qué no haces los sándwiches de dos en dos? ¿Y por qué les quitas la corteza antes de ponerlos en la sartén?» Y la mujer, encogiéndose de hombros, le contestó: «Así es como lo hacía mi madre». No satisfecho con esta respuesta, el hombre llamó a su suegra y le hizo exactamente las mismas preguntas. Y sin saber muy bien qué decirle también le respondió: «Así es como lo hacía mi madre».

Decidido a averiguar la verdad de todo aquel asunto, el hombre fue a visitar a la abuela de su mujer, a quien le hizo exactamente las mismas preguntas. Y entre risas, la anciana le dijo: «Siempre calentaba los bocadillos de uno en uno porque sólo tenía una sartén y era muy pequeña. Y para que me cupiese un sándwich no me quedaba más remedio que cortar la corteza del pan».[18]

8. La ilusión de la separatividad

Hoy en día el inconsciente colectivo de la sociedad sigue secuestrado por la creencia de la «separatividad», una ilusión cognitiva que nos hace creer que somos seres separados, desconectados y aislados los unos de los otros. Es la raíz desde la que surgen todas las neurosis de la humanidad. Y la razón por la que a menudo te sientes tan solo y desdichado. Pero ¿cuál es el origen de esta creencia?

Para responder a esta pregunta hemos de remontarnos al instante de tu concepción. Hubo un tiempo en el que fuiste un diminuto embrión que se formó dentro del útero de tu madre. Y tanto física como espiritualmente erais uno. No había distancia ni separación entre vosotros. A través del cordón umbilical os unía una agradable sensación de conexión y fusión. De hecho, a lo largo de los nueve meses que duró el embarazo sentiste en todo momento lo que ella experimentaba.

Este tipo de vivencias intrauterinas dejaron huella sobre tu psique. En lo más profundo de tu subconsciente albergas memorias vinculadas con «la consciencia de unidad». Es decir, con la certeza de que a nivel esencial estás intrínsecamente unido con tu madre, así como con la realidad, la vida, dios, el universo o como prefieras llamarlo. Hay una parte de ti —tu dimensión espiritual— que está íntimamente conectada con el resto de seres humanos que forman parte de la existencia. El quid de la cuestión es que te has olvidado de ello. Y en general sigues tan desconectado de tu ser esencial que ahora mismo esta afirmación te parece una *hierbada* de las buenas...

EL NACIMIENTO DEL YO

Tu nacimiento físico y tu nacimiento psicológico no coincidieron en el tiempo. El primero se produjo durante el parto, cuando literalmente te desgajaron de tu madre. Sin duda alguna, se trata de un acontecimiento muy traumático que te llenó de angustia, pánico y terror. Lo *viviste* como una experiencia cercana a la muerte... A partir de ahí, iniciaste tu «proceso de individuación»,[19] un fenómeno psíquico que se desarrolló lenta y progresivamente durante tus primeros tres años de vida.

Durante el primer mes de tu existencia pasaste por la «fase autista».[20] Te relacionabas con la realidad como un organismo puramente biológico: tus reacciones instintivas eran meros actos reflejos carentes de voluntad e intención. En dicho estado no discriminabas entre dentro y fuera. Estabas inmerso en una especie de alucinación psicodélica, sin límites ni fronteras de ningún tipo. Tan solo comías, hacías tus necesidades fisiológicas y dormías. Y empleabas el llanto para expresar cualquier sensación física que te invadiera.

A partir de ahí —y durante los siguientes cinco meses— atravesaste la «fase simbiótica».[21] A pesar de haberte desligado físicamente de tu madre, espiritualmente seguías sintiendo que erais uno. Y en la medida en la que tu cerebro se fue desarrollando tus sentidos fueron cobrando un poquito más de protagonismo. Es entonces cuando empezaste a responder tímidamente a los estímulos externos que percibías, manteniendo en todo momento la consciencia de unidad con tu entorno. Y especialmente con tu madre.

Finalmente, entre los seis meses y los tres años completaste la fase de «separación e individuación».[22] A lo largo de ese tiempo apareció de forma gradual la mente. Y con ella poco a poco comenzaste a emplear el lenguaje, produciéndose el nacimiento del ego. No sé si lo recuerdas, pero una de las primeras palabras que pronunciaste fue «yo». Y seguramente lo hiciste orgulloso, señalándote con el dedo hacia el pecho. De pronto empezaste a experimentarte como un ente separado no sólo de tu madre, sino también de todo lo que percibías a través de tus sentidos físicos. Fue entonces cuando la sensación de soledad, abandono y falta de amor empezó a instalarse dentro de ti de forma permanente.

LA MAYOR NEUROSIS DEL EGO

Una vez superadas estas tres fases iniciales, la ilusión de la separatividad culminó cuando se produjo la identificación plena con la mente y, por ende, con el ego. Esto sucedió alrededor de los siete años, que es cuando cristalizó tu «personalidad». Esta palabra procede del griego *«prósopon»*, que significa «máscara» o «disfraz». Es entonces cuando se apoderó de ti —y de todos nosotros— una neurosis invisible y generalizada: la de creer que lo que piensas no sólo es verdad, sino que es la realidad, lo cual es totalmente mentira. Tus pensamientos son siempre interpretaciones subjetivas y distorsionadas que haces de la realidad de acuerdo con tu sistema de creencias y el estado emocional en el que te encuentras en un momento dado.

La personalidad, el ego y el *yo* ilusorio son sinónimos. Y vienen a ser un falso concepto de identidad creado inconscientemente por medio de creencias y pensamientos con los que fuiste condicionado cuando todavía eras un niño (o una niña) inocente y vulnerable. En esencia, son el mecanismo de defensa que desarrollaste para sobrevivir y adaptarte a las circunstancias que te tocó vivir durante tu infancia, especialmente en relación con tus padres. Y cuanto más traumática fue tu niñez —o más traumática crees que fue— mayor poder e influencia tiene el ego durante tu adultez.

El hecho de que ahora mismo sigas creyendo que eres un *yo* separado de la realidad es un sutil engaño perceptivo.

El ego actúa como un parásito psíquico, manteniéndote encerrado en una cárcel mental. Y te convierte en una persona egocéntrica, apegada, reactiva y victimista. Te lleva a vivir tan centrado en ti mismo que te tomas todo lo que sucede como algo personal. Por otro lado, el ego se aburre con frecuencia de sí mismo. A menudo le falta algo. Y con frecuencia necesita a alguien. Ésta es la razón por la que te sientes permanentemente vacío e insatisfecho, deseando siempre más de lo que tienes. Y temiendo perderlo una vez que lo consigues.

EL EGO ES TU CARCELERO

El ego es lo contrario del amor propio. Te transforma en alguien narcisista que sólo piensa en sí mismo. Por eso chocas y entras en conflicto constantemente con quienes te rodean. Frente a cualquier conflicto de intereses, el ego siempre barre para casa, procurando conseguir lo que quiere sin tener en cuenta las necesidades de los demás. Y bajo el embrujo de la separatividad, te hace sentir solo, abandonado y falto de amor. Por eso no sabes hacerte compañía. Y por lo que a veces sientes soledad incluso estando cerca de tus seres queridos. La paradoja es que eres tú el que te has abandonado a ti mismo al perderte en el mundo exterior, marginando lo que pasa en tu interior.

El ego te hace creer que tu realidad se reduce a las necesidades, deseos y expectativas del *yo* desde el que percibes la existencia. Te condena a vivir en una jaula mental con barrotes invisibles, totalmente enganchado a tus procesos mentales y emocionales. Al estar tan mimetizado con el ego, te crees que eres los pensamientos que deambulan por tu mente y las emociones que transitan por tu cuerpo. Al sentirte solo y estar tan identificado con ese sentimiento, te crees que estás solo. Y al pensar que estás solo, sientes soledad, adentrándote en un círculo vicioso del que es muy difícil salir mientras vives enajenado de ti mismo.

La sensación de separatividad es un síntoma que pone de manifiesto dos cuestiones muy elementales: tu grado de desconexión interna con tu verdadera esencia. Y tu nivel de ignorancia e inconsciencia con respecto a tu auténtica identidad. El problema reside en que se trata de dos experiencias incomprensibles desde un entendimiento puramente teórico y racional. Tan sólo pueden comprehenderse —con «h» intercalada— a través de la propia vivencia transpersonal, la cual está más allá de la mente, del lenguaje y —obviamente— del propio ego. De ahí la importancia de que te mantengas abierto y receptivo a cualquier información o conocimiento que te lleve a cuestionar y confrontar precisamente la relación con este carcelero. Recuerda que el ego va a hacer todo lo posible para mantenerte preso, alejado de tu libertad.

La mayoría de las personas cumple —sin saberlo— cadena perpetua en las mazmorras del yo.

JIDDU KRISHNAMURTI

9. Familias disfuncionales

La sociedad es siempre un fiel reflejo de cómo pensamos y nos comportamos la mayoría. Lo que vemos en el exterior es una proyección de nuestro interior. Nuestras creencias, pensamientos, emociones, decisiones y acciones son las que van dando forma a la realidad que percibimos y al sistema en el que vivimos. Y dado que seguimos embrujados por la ilusión de la separatividad, hemos construido una sociedad a imagen y semejanza del ego. Es decir, egocéntrica, neurótica e infeliz.

Tu gran problema existencial es que tiendes a vivir de fuera hacia dentro. Estás sometido a una presión social tan imperceptible como asfixiante. Y eres víctima inconsciente de las convenciones de tu tiempo. Tanto es así que tu vida se ha convertido en «el día de la marmota».[23] Repites una y otra vez las mismas rutinas, costumbres, tradiciones y festividades que te fueron inculcadas desde que naciste por la generación de adultos que te precedió. Y dado que casi nadie cuestiona la realidad normativa impuesta por la sociedad, esta noria social se perpetúa año tras año, *ad infinitum*...

Supongo que a estas alturas ya te habrás dado cuenta: existe una propaganda feroz que te empuja a hacer lo que se supone que tienes que hacer para gozar de aprobación social. Y a convertirte en quien se supone que tienes ser para ser aceptado por tu entorno familiar. Así es como inconscientemente te traicionas a ti mismo, socavando tu amor propio y marginando tu verdadera esencia. La sociedad es en sí misma una conspiración en contra del individuo y su singularidad. Y este complot no está tramado desde las altas esferas de las élites que gobiernan desde la sombra. No. Sus perpetradores a menudo son los propios padres y madres, quienes están dispuestos a hacer cualquier cosa por sus hijos menos dejarles ser ellos mismos.[24]

MUERTOS VIVIENTES

¿Por qué crees que tiendes a imitar y replicar el modo de vivir que llevaron tus progenitores? ¿Acaso sabes quién eres y para qué vives? ¿Tienes claro qué es lo que te ilusiona y te motiva? Lo más seguro es que te estás conformando con un estilo de vida completamente prefabricado. No fuiste educado para ser un individuo libre. Ni tampoco para seguir tu propio camino. Por el contrario, te condicionaron para adoptar un comportamiento gregario.

¿Te has fijado que en el lugar en el que te criaste todo el mundo tiende a parecerse a todo el mundo? Tus creencias y tu forma de pensar son de segunda mano. Las aprendiste tanto en casa como en la escuela. El sistema educativo industrial no fomenta la libertad de pensamiento, sino la sumisión y la obediencia. Su objetivo principal sigue siendo amaestrar a los niños y las niñas para que se amolden al orden social establecido, convirtiéndolos en un engranaje más del sistema. Ésta es la razón por la que muchos adultos se comportan como muertos vivientes. No piensan ni reflexionan. Viven por inercia. No van hacia ninguna parte. Y carecen de propósito.

Si bien desde la distancia la gente aparenta cierta normalidad, cuando miras de cerca —y quitas el velo de las apariencias— ves el estado patológico en el que se encuentra. En general estamos bastante traumatizados. Por un lado estamos psicológicamente desquiciados y, por el otro, espiritualmente vacíos. Sin embargo, de buenas a primeras nadie lo diría. Principalmente porque a los seres humanos se nos da muy bien tapar, fingir y disimular. A eso se refiere la expresión «los trapos sucios se lavan en casa». Pero ni siquiera eso, pues en el hogar tendemos a esconder los problemas debajo de la alfombra...

Maltrato psicológico

No te dejes engañar por la imagen de familia perfecta que muchas intentan proyectar cuando asisten a diferentes eventos sociales. La realidad que se esconde detrás de esa máscara social es mucho menos amable. Debido a la excesiva identificación con el ego, la sociedad está muy descentrada. Prueba de ello es que la inmensa mayoría de las familias son emocionalmente disfuncionales. No cumplen con su función psicológica: proveer a los niños y a las niñas de un entorno emocional estable, óptimo y seguro que les permita nutrir su autoestima y crecer de forma sana.

Curiosamente, el concepto de «familia feliz» suele ser el equivalente a un unicornio. En muchos casos las familias están tiranizadas por un conflicto estructural y endémico, el cual se traduce en discusiones, tensiones, peleas, enfados, gritos, dramas, insultos, abusos, agresiones... Y en definitiva, por una permanente y dañina violencia psicológica, la cual deja secuelas psíquicas que acompañan a los hijos el resto de sus vidas. Sin embargo, en muchas familias existe una especie de acuerdo tácito —totalmente tabú— por medio del que ningún miembro puede hablar mal de su clan en presencia de otras personas. Hacerlo es visto como la peor de las traiciones. Y puede traer consigo el rechazo y el ostracismo.

El quid de la cuestión es que este tipo de perversiones se trasladan de generación en generación por medio de nuestro árbol genealógico. De forma inconsciente, tendemos a tratar psicológicamente a nuestros hijos de un modo bastante similar a como nuestros padres nos trataron a nosotros. Evidentemente, este tipo de actitudes y conductas suele ser un reflejo de cómo nuestros progenitores fueron tratados por nuestros abuelos. Y se perpetúan y normalizan hasta tal punto que dichos comportamientos nocivos nos parecen algo habitual y cotidiano, tanto para quienes los generan como para quienes los reciben.

A la repetición de estas dinámicas familiares tóxicas se las denomina «traumas transgeneracionales». Es decir, que además de heredar el color de ojos de tus ancestros, también has heredado las heridas que éstos no fueron capaces de sanar ni de transformar. Y dado que seguramente ni tus abuelos ni tus padres fueron a terapia, lo más probable es que —si quieres romper el ciclo— a ti no te quede más remedio.

La familia es la institución más disfuncional que existe.
Es el lugar donde se originan todas las neurosis
de la humanidad.

OSHO

10. Adultos narcisistas

El «narcisismo»[25] es otra de las *enfermedades* de nuestro tiempo. Es la causa de que haya tantas familias disfuncionales. Y también la principal consecuencia. Pero ¿en qué consiste exactamente? Si bien puede manifestarse en múltiples maneras, de forma resumida podría definirse como un «exceso de egocentrismo». El denominador común de todos los narcisistas es que están demasiado preocupados por sí mismos, lo cual les impide empatizar con el resto de las personas con las que se cruzan por la vida. Miran el mundo y a los demás desde su pequeño *yo*, engrandeciéndose desmesuradamente a sí mismos. Su lema vital viene a ser algo así como: «Lo que yo quiero, cuando yo lo quiero y porque yo lo quiero».

El motor del narcisismo es el interés personal llevado al extremo. De ahí que los narcisistas sean personas tremendamente utilitaristas. Y que establezcan relaciones puramente mercantiles. Ven a los demás como simples objetos. Los utilizan para alcanzar sus metas y los desechan cuando ya no les son necesarios. No tienen en cuenta los sentimientos ajenos. Para ellos, sólo importa la satisfacción de sus necesidades, la consecución de sus deseos y el cumplimiento de sus expectativas. Solamente se acercan y se juntan con otros en la medida en que éstos pueden aportarles algo valioso o les sirven para sus propios fines.

El egocentrismo de los narcisistas es tan exagerado que se creen que su percepción subjetiva de la realidad es la realidad objetiva en sí misma. Están convencidos de que su versión de los hechos es la única correcta y verdadera. De ahí que frente a cualquier conflicto de intereses que puedan tener con otras personas se muestren siempre rígidos e inflexibles con su postura. Su planteamiento es muy simple: ellos siempre tienen razón y los demás siempre están equivocados. De hecho, no entienden cómo la gente no ve las cosas como ellos las perciben. Les irritan los puntos de vista diferentes a los suyos. Y se ponen a la defensiva cuando alguien no está de acuerdo con ellos.

Motivaciones oscuras

Los narcisistas tienen un ego muy inflado. Consideran que tienen derecho a recibir un trato especial allá donde vayan. Cualquier conversación siempre gira entorno a sus intereses. Eso sí, no les gusta mostrarse vulnerables y rehúyen la intimidad. En un plano muy inconsciente temen que los demás descubran cómo son de verdad. Por otro lado, juzgan y critican constantemente al resto de los seres humanos. Actuando de esta manera compensan su falta de autoestima y su complejo de inferioridad. Se trata de un sutil y perverso mecanismo de defensa con el que intentan aumentar su sensación de valía, sintiéndose diferentes, mejores y superiores a los demás.[26]

Otro rasgo muy común entre los narcisistas es que viven en un estado de hipervigilancia, buscando cualquier forma de desprecio hacia ellos real o imaginaria. Y malinterpretan frecuentemente la actitud y el comportamiento de quienes les rodean, atribuyéndoles motivaciones oscuras que nada tienen que ver con lo que éstos piensan. Por eso se ofenden tan a menudo y se molestan con tanta facilidad. Su malestar los convierte en personas complicadas y conflictivas. Siempre le encuentran algún *pero* a la realidad. Por eso sufren tanto. Resulta irónico que se sientan tan vacíos teniendo un ego tan grande.[27]

En caso de equivocarse, los narcisistas nunca se disculpan ante nadie ni se arrepienten de nada. Su falta de autocrítica les impide asumir y aprender de sus errores. Por el contrario, se victimizan y culpan siempre a los demás de lo que sienten. Y buscan alivio a su constante insatisfacción y sufrimiento por medio de la evasión y la narcotización. Confrontar sus demonios internos es simplemente demasiado doloroso. De ahí que no les quede más remedio que seguir consumiendo la *droga* a la que son más adictos: el autoengaño. El quid de la cuestión es que los narcisistas no son conscientes de que son narcisistas, pues, si lo fueran, harían lo necesario para empezar a transformar su manera de relacionarse.

INFANCIAS TRAUMÁTICAS

Todos tenemos un punto narcisista. En mayor o menor medida, todos nos creemos el ombligo del mundo y el centro de nuestro diminuto e insignificante universo. Si te fijas con detenimiento te darás cuenta de que *tú* eres el protagonista del 99,9 % de tus pensamientos. Y en todo momento estás percibiendo la realidad desde la perspectiva de tu *yo*. De ahí que tiendas a hacerlo todo sobre *ti*, poniéndote a *ti* mismo en primer lugar. Es una simple cuestión de supervivencia.

Sin embargo, el narcisismo solamente se convierte en algo patológico cuando eres incapaz de salir de ti mismo, de tu cárcel mental. Es decir, cuando estás tan poseído por la mente y tan identificado con tus emociones que ignoras cómo te limita este egocentrismo a la hora de interactuar con los demás. Y cuando —en definitiva— te vuelves prisionero de los pronombres posesivos «yo», «mí», «me», «conmigo»...

Cabe señalar que los narcisistas tienen muy mala prensa hoy en día. Son despreciados por la sociedad. Se les juzga, rechaza y condena por considerarlos «personas tóxicas». Muy pocos se toman la molestia de comprender las causas que hay detrás. El narcisismo se origina durante la infancia y a menudo tiene un componente genético. Es una afección mental que se debe a la falta de cariño, afecto y amor. Y también al sentimiento de abandono y soledad. De hecho, se desencadena para mitigar el dolor de haber crecido en una familia disfuncional. No es casualidad que la gran mayoría de los narcisistas sean hijos de un matrimonio infeliz. Es decir, de una pareja compuesta por dos niños asustados y traumados que esperan mutuamente que el otro sane sus heridas.[28]

Al no haberse satisfecho estas necesidades básicas durante los primeros años de su existencia, éstas toman el poder y el control en la edad adulta. Por eso los narcisistas sienten un anhelo insaciable de atención y valoración. Su gran tragedia es que pase lo que pase, consigan lo que consigan y se conviertan en quienes se conviertan siempre necesitan y quieren un poco más. Y nunca se sienten del todo llenos ni completos. Principalmente porque este hambre emocional no puede saciarse con nada ni nadie de afuera. Tan sólo se colma nutriendo su autoestima desde dentro.

La condición fundamental para el logro del amor es la superación del propio narcisismo.

ERICH FROMM

11. Padres emocionalmente inmaduros

La humanidad se encuentra empantanada en un círculo vicioso. La mayoría de las familias son disfuncionales porque están compuestas por adultos que no han sabido sanar sus propios traumas y que en mayor o menor medida ejercen la paternidad de forma infantil e inconsciente. Y como consecuencia, trasladan parte de sus traumas transgeneracionales a sus hijos, *produciendo* la siguiente hornada de adultos narcisistas, quienes —a su vez— forman nuevas familias disfuncionales...

Lo cierto es que una gran parte de la población tiene hijos cuando todavía no está psicológicamente preparada. Son los llamados «padres y madres emocionalmente inmaduros».[29] Y es que, antes de traer al mundo a otro ser humano, es imprescindible que primero hayas aprendido a hacerte cargo de ti mismo. Especialmente a nivel emocional. Y esto pasa por haber confrontado y sanado tus traumas de infancia, convirtiéndote en un adulto más o menos equilibrado.

En el caso de que hayas crecido en una de estas familias disfuncionales sabrás lo solo que un crío puede llegar a sentirse cuando sus padres están más preocupados por sí mismos que por sus hijos. Desde lejos puede dar la sensación de que todo transcurre con normalidad. Principalmente porque en muchos casos los padres emocionalmente inmaduros suelen atender la salud física de sus retoños. E incluso puede que les proporcionen lo necesario para gozar de una existencia digna a nivel económico y material. Sin embargo, al vivir tan desconectados de sí mismos son incapaces de establecer una sólida conexión emocional con sus hijos.[30]

LA TIRANÍA DEL «PÓRTATE BIEN»

Los padres emocionalmente inmaduros están demasiado cegados por el ego. Todo lo hacen sobre ellos. Miran a sus hijos, pero no los ven. Les hablan, pero no se comunican. Los oyen, pero no los escuchan. Los tocan, pero no los sienten. Los quieren, pero no los aman. Y en definitiva, interactúan con ellos, pero no mantienen una relación profunda ni verdadera. Se quedan en la superficie. Por eso no tienen ni idea de lo que a sus hijos les pasa por dentro. Ni tampoco saben qué es lo que verdaderamente necesitan. Están completamente perdidos. La paternidad les viene demasiado grande.

Y es que una cosa es *tener* hijos y otra muy distinta, *ser* madre o padre. Debido a su ignorancia e inconsciencia, este tipo de progenitores piensa que sus retoños son una extensión de sí mismos. Se creen que por el hecho de ser sus padres tienen derecho a hacer lo que quieran con sus hijos. A su vez, les suelen insistir una y otra vez en que se «porten bien». Es decir, que hagan exactamente lo que a ellos les conviene en todo momento. Tienden a elogiar su obediencia y a censurar su rebeldía. Y no dudan en utilizar la amenaza y el castigo para modular el comportamiento de sus hijos, tratando de que éstos cumplan siempre sus expectativas, a menudo distorsionadas.

Muchas veces, los padres emocionalmente inmaduros son distantes, pasotas y ausentes. Es como si la maternidad no fuera con ellos. En otros casos, son muy rígidos y sobreprotectores con sus hijos, tienen muy poca paciencia y nula tolerancia a la frustración. E incluso los hay que esperan que sus retoños sean mucho más maduros de lo que les es posible para su edad, exigiéndoles ciertas actitudes que éstos todavía no les pueden dar. La paradoja es que todos ellos —que sí son adultos— siguen manifestando rabietas y pataletas infantiles cuando sus hijos no les hacen caso. De hecho, a menudo invierten los papeles con ellos: los utilizan como confidentes, hablándoles de sus problemas matrimoniales para recibir el afecto y la atención que ellos mismos son incapaces de proporcionarles.[31]

Este tipo de madres y padres no sabe regular sus propias emociones. Principalmente porque están bastante descentrados y desequilibrados. La forma más común en la que estos progenitores maltratan psicológicamente a su prole es mediante los gritos y las broncas. O evitando pasar tiempo con ellos. Y suelen justificar sus conductas neuróticas alegando que son provocadas por el comportamiento inadecuado de sus hijos. Actuando de este modo hacen sentir a sus retoños que nada de lo que dicen y hacen está bien. De manera directa e indirecta todo el rato les hacen sentir que son imperfectos, defectuosos e insuficientes.

Manipulación y chantaje emocional

Otro rasgo muy común de los padres emocionalmente inmaduros es que utilizan la manipulación y el chantaje emocional para controlar y someter a sus hijos. Entre otras atrocidades, les culpan de su sufrimiento y les hacen sentir que son responsables de su felicidad. También los sobreprotegen en exceso para volverlos totalmente dependientes, intentando así que no los abandonen cuando vuelen del nido. Curiosamente suelen tener siempre un hijo preferido —el cual va alternando—, que es aquel con el que no están peleados en un momento dado. Y enfrentan a los hermanos entre sí, fomentando la comparación, la envidia y los celos entre ellos.[32]

No es casualidad que en todas las familias disfuncionales exista un trasfondo de competencia y rivalidad entre los hijos, quienes sienten que necesitan luchar por el amor de sus padres. Irónicamente, los progenitores emocionalmente inmaduros se llenan la boca con lo mucho que adoran a sus hijos. Pero la realidad es que no les gusta pasar tiempo con ellos, sino gozar de libertad para hacer siempre lo que les dé la gana...[33] Si bien todos los hijos podemos ver a nuestros padres reflejados en alguno de estos comportamientos, en el caso de que seamos madres (o padres) seguramente nos cueste un poquito más reconocerlos en nosotros mismos.

Cabe señalar que algunos niños sí se han criado en hogares formados por adultos con madurez emocional. Es decir, por padres y madres conscientes, sanos y felices que saben anteponer las necesidades de sus hijos a las suyas. Y que cuentan con la inteligencia emocional suficiente como para acompañar a sus retoños en las diferentes etapas de su proceso evolutivo, dándoles en todo momento el cariño, la atención, la valoración y el amor que éstos necesitan para crecer de forma saludable en las diferentes etapas de su desarrollo psicológico y afectivo. Ojalá tú hayas tenido la fortuna de ser uno de ellos. Si no, bienvenido al club de los huérfanos emocionales.

*La mayoría de adultos se convierten
en padres mucho antes de que hayan dejado
de ser niños.*

MIGNON MCLAUGHLIN

12. Huérfanos emocionales

Nuestra condición humana está regida por una perversa paradoja. Necesitamos amor para funcionar óptimamente y vivir plenamente. Y sin embargo, a lo largo de nuestra historia como especie éste ha brillado por su ausencia. El amor es nuestra gasolina existencial, pero a día de hoy sigue siendo un recurso muy escaso. Muy pocas personas han sido verdaderamente amadas durante su infancia. Poquísimas. Por eso seguramente desconoces lo que es el verdadero amor. Piénsalo bien: ¿cómo vas a saber amar si en ningún momento de tu desarrollo psicológico fuiste amado?

Volvamos al día de tu nacimiento. Por aquel entonces eras absolutamente dependiente de tus padres. O de aquellos adultos que ejercieron el rol de cuidadores. Dependías del contacto físico para sobrevivir. La falta de cariño y afecto maternal podía provocarte la muerte.[34] Está demostrado que el desarrollo cerebral de los bebés que se alimentan del pecho de sus madres —y que son acariciados con frecuencia durante las primeras semanas de vida— es mucho mayor que el de aquellos que han pasado ese mismo periodo de tiempo aislados en una incubadora.[35]

A partir de ahí, los siguientes años determinaron los cimientos psíquicos sobre los que has construido tu personalidad. Y la solidez de estos pilares depende —en gran medida— de la calidad de tu autoestima. Es decir, de la calidad del amor que te profesas a ti mismo. El quid de la cuestión es que cuando eras un niño pequeño no sabías cubrir tus necesidades emocionales, con lo que quedaste a merced de que un adulto las cubriera por ti. Y aquí es donde se origina el drama de toda nuestra especie: en la incapacidad de los padres y de las madres de amar a sus hijos como éstos necesitan ser amados para que —a su debido momento— éstos aprendan a amarse a sí mismos. Y, por ende, a su descendencia.

El desarrollo de la autoestima

Al principio tu autoestima es amor que procede del exterior. Especialmente de mamá y papá —o de los adultos que te cuidaron—, que vienen a ser tus proveedores de alimento, calor, conexión, cariño, afecto, seguridad y protección. Para crecer de forma sana es fundamental que goces de rutinas y experiencias predecibles, repetidas y consistentes que te permitan establecer un «apego seguro».[36] Éste viene a ser una sensación de incondicionalidad y de certeza absoluta de que alguien te va a cuidar en todo momento. Al no ser autosuficiente emocionalmente, es imprescindible que te apegues a los adultos que se ocupan de ti. No en vano, tu supervivencia depende enteramente de ellos.

Con el paso del tiempo —y de tu evolución psicológica— finalmente tu estima se interioriza, adquiriendo una fuente interna. Es entonces cuando le añades el prefijo «auto». Ésta es la razón por la que cuanto más afecto, respeto, aceptación y valoración hayas recibido durante tu infancia, mejor será tu autoestima en la edad adulta. Dicho de otra forma, cuanto mejor haya sido el suministro externo de tu autoestima, mayor será tu capacidad para suministrártela de forma interna. De ahí que no sea exagerado afirmar que la relación que estableces con tus padres —o cuidadores— durante tus primeros años de existencia determina la forma en la que te relacionas contigo mismo, los demás y con el mundo el resto de tu vida.[37]

La gran tragedia de nuestro tiempo es que la mayoría de padres y madres siguen atrapados por su narcisismo y su inmadurez emocional. Y al no ser felices y estar mal consigo mismos, son incapaces de satisfacer de forma correcta y de manera oportuna las necesidades emocionales de sus hijos. De ahí que muchos de éstos crezcan y se desarrollen con un déficit estructural de amor propio, entrando en la adultez con graves carencias afectivas.

Sensación de orfandad

Me sabe mal decirte que es imposible atravesar la infancia sin sufrir algún tipo de trauma psicológico. Y uno de los más comunes es «la herida de abandono». Es decir, la sensación de soledad y falta de amor que experimentaste en relación con tus padres cuando eras un niño (o una niña) dependiente, vulnerable e indefenso. No importa tanto el afecto que tus progenitores te dieron, sino el que creíste haber recibido. Y lo cierto es que en muchos momentos no te sentiste verdaderamente querido por ellos. Todo lo contrario: en demasiadas ocasiones experimentaste sentimientos de soledad, rechazo y abandono. Por eso hay una parte de ti que se siente un «huérfano emocional».

Cabe señalar que cuando eras un niño pequeño interpretabas todas las cosas que te pasaban de forma excesivamente egocéntrica. De ahí que te tomaras la actitud y el comportamiento de tus padres como algo personal. Sin embargo, la incapacidad que tuvieron tus padres para amarte no tuvo nada que ver contigo. ¿Cómo podían quererte si tampoco fueron amados por sus padres cuando eran niños? ¿De qué manera podían amarte si carecían de amor propio?

El quid de la cuestión es que, debido a que el suministro externo de tu estima fue del todo deficitario, desarrollaste la creencia inconsciente de que no te querían porque eras inherentemente defectuoso y no merecedor de amor. Como consecuencia, creciste pensando que no estaba bien ser como eras. Y poco a poco se fue instalando en tu subconsciente un sentimiento crónico de inutilidad, baja autoestima y odio hacia ti mismo, conocido en la jerga psicológica como «vergüenza tóxica». Así fue como la voz de tus padres se convirtió en tu propio diálogo interno, tratándote a ti mismo como eras tratado por ellos.[38]

EL RECHAZO DE TU AUTÉNTICO SER

A partir de entonces, empezaste a comportarte del modo en el que creías que tenías que actuar para ser aceptado y querido por tus padres. Y, por ende, por la sociedad. Así es como rechazaste tu auténtico ser, convirtiéndote en un sucedáneo de quien esencialmente eres. Por una simple cuestión de supervivencia, no te quedó más remedio que desarrollar una personalidad ficticia con la que protegerte del dolor.

Sin embargo, este falso concepto de identidad es un *pseudotú* con el que reemplazaste la expresión espontánea de tu ser.[39] Así fue como te traicionaste, te rechazaste y te abandonaste a ti mismo. Es el motivo principal por el que en la edad adulta experimentas soledad cuando te quedas a solas contigo mismo. Y por el que te cuesta intimar con los demás y relacionarte de forma auténtica. Piénsalo detenidamente: ¿cómo puedes compartirte y crear vínculos de intimidad si no te permites ser quien genuinamente eres?[40]

La herida de abandono originada durante tu infancia es la raíz desde la que brota el resto de conflictos emocionales que se manifiestan en tu vida adulta, empezando —cómo no— por la falta de autoestima. Si bien la lista es prácticamente interminable, en la medida en que sigues sin sanar ni transformar tus traumas psicológicos, también pueden aparecer los siguientes síntomas: susceptibilidad, irritabilidad y malhumor crónicos. Insomnio. Sensación permanente de vacío y de insatisfacción. Dependencia emocional. Ansiedad, estrés y depresión. Anulación y negación de uno mismo. Autosabotajes y procrastinación. Fobia social y paranoia. Ataques de pánico. Trastornos de la personalidad. Atracones de comida. Anorexia y bulimia. Dificultad para establecer relaciones sanas y duraderas. Adicción al tabaco, el alcohol y otras drogas como forma de automedicación. Autolesiones. Pensamientos suicidas... En el caso de que padezcas alguno de estos problemas, no lo dudes: pide ayuda y ve a terapia cuanto antes. Tu descendencia te lo agradecerá.

*Una vez que has sacado el ajo de la bolsa,
la bolsa sigue oliendo a ajo durante mucho tiempo.*

PROVERBIO BUDISTA

IV

Los demás como parches

Una joven princesa de tan sólo dieciocho años le confesó a su padre que estaba locamente enamorada de uno de los soldados que custodiaban el palacio en el que vivían. Quería casarse con él lo antes posible para empezar una nueva etapa en su vida. El rey, horrorizado, intentó convencerla de que era demasiado inmadura para tomar semejante decisión. Sin embargo, todos sus esfuerzos por disuadirla resultaron inútiles.

Desesperado, el monarca acudió al hombre más sabio del

reino para pedirle consejo. Y nada más verlo, le pidió que por favor le dijera qué podía hacer para evitar que su hija cometiera semejante equivocación. A lo que el sabio le respondió: «Su majestad, le recomiendo que no le prohíba casarse a su hija. Eso sólo provocará que se enfade con usted y que se sienta aún más atraída por el soldado. Además, la princesa no ama a ese hombre. No tiene ningún interés en estar con él. Lo que ella en realidad desea es dejar de sentirse sola. Para desenmascarar su verdadera motivación le propongo llevar a cabo un plan alternativo».

El sabio le contó exactamente lo que él haría si estuviera en la situación del monarca. Y pese a su escepticismo inicial, el rey finalmente accedió a ponerlo en práctica. Llamó a la princesa y le dijo: «Hija mía, he decidido que voy a someter a prueba tu amor por ese soldado. Vais a pasar juntos los próximos cuarenta días y las próximas cuarenta noches encerrados solos en tu habitación. Si al final sigues queriendo casarte con él, te prometo que no me interpondré en tu camino y tendrás mi consentimiento y mi bendición». La princesa, loca de alegría, aceptó la prueba y abrazó a su padre llena de ilusión.

Y así fue como los dos amantes empezaron a convivir juntos. Los primeros días resultaron muy satisfactorios, pero tras la excitación y la euforia inicial no tardaron en aparecer la monoto-

nía y el aburrimiento. Y antes de que pasaran diez días la princesa ya suspiraba por tener otro tipo de compañía. A los veinte días empezó a repudiar todo lo que dijera o hiciese el soldado. A los treinta días estaba tan harta de él que no paraba de chillar, aporreando la puerta de su habitación para que la sacaran de ahí. Y a los cuarenta días —cuando al fin pudo salir— se echó llorando a los brazos de su padre, agradecida por haberla librado de semejante tortura.[41]

13. ¿Eres «sociodependiente»?

Las relaciones humanas pueden llegar a ser una bendición. Especialmente cuando las vivimos desde nuestra esencia. Es decir, con verdadero amor y auténtica libertad. Lamentablemente, el ego tiende a pervertirlas, convirtiéndolas en otra cosa. Y como consecuencia a los seres humanos no nos gusta la «gente», algo que muy pocos admitirán en público. No es políticamente correcto. Sin embargo, se trata de un término que utilizamos a menudo de forma despectiva. Sobre todo cuando nos referimos a ella como «cantidad, aglomeración o multitud». ¿Cuantas veces te has quejado de que al ir a un sitio había «demasiada gente»? Bastantes, ¿no es cierto?

Irónicamente, en general te gusta todavía menos estar a solas contigo mismo. De ahí que no te quede más remedio que sociabilizar con otras personas de forma habitual. No es tanto un deseo como una necesidad. Seguramente ahora mismo estás pensando que eres un ser social por naturaleza. Y es totalmente cierto. Pero el motor de tu sociabilidad está —en gran parte— en tu limitación para sentirte feliz y completo en solitud.

La incómoda verdad es que cuanto menos te gusta estar contigo mismo más necesitas y quieres estar con los demás. Piénsalo bien: ¿por qué sueles buscar constantemente compañía? Pues porque dentro de ti sientes una sensación de escasez. Al no bastarte contigo mismo te has convertido —sin saberlo— en un «sociodependiente».[42] Es decir, «dependiente de la vida social». La paradoja es que, cuanto más intentas huir de la soledad, más te topas con ella.

Sin darte cuenta, tus relaciones tienden a ser bastante utilitarias: a menudo utilizas a los demás como parches para tapar tu vacío existencial. ¿Te has fijado en que sueles acordarte de tus amigos especialmente cuando te sientes solo? La próxima vez que cojas el móvil para llamar —o mandar un WhatsApp— a alguno de ellos, simplemente hazte consciente de cómo te sientes en ese momento. Y seguidamente piensa por qué y para qué lo estás llamando o escribiendo. Si eres como la mayoría de sociodependientes te darás cuenta de que tu principal motivación es mitigar tu sentimiento de soledad.

COMPAÑÍA Y DISTRACCIÓN

El impulso de conectar con otro ser humano —sea por medio del canal que sea— es un acto reflejo que se produce de forma inconsciente y automática. Actuando de esta manera inhibes cualquier posibilidad de sentirte solo. Se trata de una emoción que no te permites experimentar ni un segundo. Ésta es la razón por la que miras el móvil decenas de veces al día sin ningún objetivo en concreto. Bueno sí, para huir de la soledad y escapar del aburrimiento.

Si te fijas con detenimiento, cada vez que te sientes solo o aburrido enseguida buscas compañía o distracción. Llevas tanto tiempo huyendo y escapando de ti mismo que te has vuelto adicto a ciertos estímulos y a ciertas personas. Buscas fuera lo que no eres capaz de encontrar en tu interior. Y cuanto más desconectado y alejado estás de ti, menor es tu umbral de exigencia para con el tipo de gente con la que te relacionas. No en vano, a nivel inconsciente tiendes a usar a los demás como parches para evitar quedarte a solas con tus emociones y pensamientos. Y, por supuesto, ellos también te usan inconscientemente a ti por el mismo motivo, convirtiendo vuestra supuesta conexión en un intercambio mercantil. Ambos os utilizáis para acompañaros y distraeros mutuamente.

Curiosamente, la palabra «distraerse» significa «alejarse de uno mismo». Es un sutil mecanismo de defensa para no sentir el vacío, la ansiedad y la angustia inherentes al sentimiento de soledad. El problema es que cuanto más tiempo pasas desconectado de tu verdadera esencia mayor es tu necesidad de compañía y entretenimiento. E inevitablemente llega un día en que te vuelves completamente adicto y codependiente de otros seres humanos. Es algo que le pasa a casi todo el mundo. De ahí que no sea descabellado afirmar que la sociodependencia es la forma de drogadicción más común en nuestra sociedad. No es casualidad que tanta gente tenga perros o gatos, también llamados «animales de compañía».

SOBRERRELACIONADOS

Estás tan enganchado a la nicotina social que con tal de no sentirte solo acabas sobrerrelacionándote. Y en muchas ocasiones terminas siendo víctima de la hiperconvivencia. Un síntoma inequívoco de que eres un sociodependiente es que pasas demasiado tiempo rodeado de otras personas. Pero la soledad que sientes nunca se disipa del todo. Siempre está ahí, acompañándote cual sombra vayas donde vayas y estés donde estés. Ésta es la razón por la que, a pesar de que a veces no te apetece quedar con alguien, quedas igualmente.

Y como sucede con el resto de drogas, a mayor consumo, mayor necesidad. Así, cuanto más socializas con otras personas, más necesitas socializar con otras personas. Y en el caso de no hacerlo, aparece de nuevo la sensación de vacío en forma de ansiedad social. Todo con tal de no sentirte solo y de evitar la dolorosa sensación de separatividad generada ilusoriamente por el ego. Movido por esta invisible drogadicción, te autoconvences de que te encanta mantener una vida tan activa socialmente. Sin embargo, se trata de un sutil engaño. En realidad no te gusta tanto. De lo único que sí disfrutas es de aliviar la congoja que dicha adicción te produce cuando no estás rodeado de gente.

Si eres honesto, reconocerás que ciertas relaciones te parecen monótonas, insípidas, aburridas y superficiales. Y que algunos de los encuentros sociales que mantienes no te aportan nada y te dejan totalmente indiferente. Pero procuras no pensar demasiado en ello. Mientras te proporcionen tu dosis de nicotina social tiras para adelante. Además, explorar cualquier alternativa te aterroriza, pues implicaría experimentar de forma voluntaria el horror al vacío. Es decir, quedarte a solas, desnudo emocionalmente y cara a cara con el dolor que anida en tus profundidades.

¿Te has aislado socialmente alguna vez de forma voluntaria? Te lo comento porque la mayoría de sociodependientes no se dan cuenta de lo enganchados que están a los demás hasta que empiezan a cultivar conscientemente la solitud. Y es que sólo si te atreves a iniciar tu proceso de desintoxicación verificarás que no necesitas relacionarte tanto, dándote cuenta de lo insustanciales que pueden llegar a ser los encuentros con otros sociodependientes...

Las personas extremadamente sociables
son con frecuencia
a las que menos les gusta estar a solas consigo mismas.

ARTHUR SCHOPENHAUER

14. *Fear of missing out («FOMO»)*

Uno de los principales síntomas que ponen de manifiesto que eres una persona sociodependiente es que padeces *«FOMO»*. Se trata del acrónimo en inglés de *«fear of missing out»*. Es decir, «el miedo a perderte algo». En este caso, en relación con eventos y reuniones sociales. Especialmente con tu grupo de amigos. Y en algunos casos también de conocidos. Que se queda en el bar para hacer unas cervezas, vas. Que se monta una barbacoa, vas. Que se improvisa una cena, vas. Que se planifica una escapada de fin de semana, vas. Que se organiza un viaje en verano, vas...

Ni se te pasa por la cabeza no ir, pues ¿qué ocurre si no acudes y resulta que los demás se lo pasan en grande? ¿Qué sucede si a base de perderte este tipo de encuentros tu entorno social te va relegando a un segundo plano? Cuando eres víctima del FOMO, de entrada tiendes a decir que «sí» a (casi) todos los planes que te proponen. Más que nada porque nunca sabes si finalmente alguna de estas actividades se anulará. Por eso siempre tienes muchas opciones disponibles y muchos frentes abiertos. En ocasiones, incluso más de los que físicamente podrías asumir. Sobre todo de cara a los fines de semana, los festivos y las vacaciones. No vaya a ser que te quedes sin nada que hacer. Y peor aún, sin nadie con quien estar.

Con la consagración de los teléfonos *inteligentes* y las redes sociales, la sensación de FOMO se ha trasladado también a tu realidad online. Sí o sí tienes que estar en todos los chats de los diferentes grupos de WhatsApp a los que perteneces. Y no te puedes perder las últimas noticias de los periódicos que lees. Ni tampoco los posts más recientes de las cuentas de aquellas personas a las que sigues. De hecho, te causa ansiedad quedarte sin batería. Y ya no digamos perder el móvil. Pánico total. En la jerga tecnológica se llama «nomofobia», que significa «miedo irracional a estar sin móvil». Cuanto mayor es tu sociodependencia —y, por ende, tu FOMO—, mayor es también tu adicción al teléfono. ¿Qué es lo primero que haces nada más levantarte? ¿Y qué es lo último que haces antes de acostarte?

PENSAR CONSUME ENERGÍA

El problema de la sociodependencia y del FOMO es que son dos patologías socialmente aceptadas por la sociedad. Son conductas que entran dentro de la normalidad de nuestro tiempo. Sin embargo, tienen letra pequeña: esconden una verdad muy oscura que quienes las padecen no están dispuestos a escuchar. Ni mucho menos a reconocer. Es un milagro encontrar a un ser humano que admita sentirse hueco y vacío por dentro.

Sólo las personas verdaderamente maduras tienen la humildad, la honestidad y la valentía necesarias para asumir que no saben ser felices por sí mismas. Este reconocimiento es el primer paso para superar su adicción a la nicotina social. De hecho, uno de los indicadores de que estás despertando en este sentido es darte cuenta de que muchas de las decisiones que tomas para sociabilizar con los demás se producen de forma automática e inconsciente. En ningún momento te paras a ponderar acerca de los perjuicios que puede estar causándote el decir que «sí» a los diferentes planes que van surgiendo a lo largo de la semana. Solamente consideras los beneficios que crees que van a reportarte a corto plazo.

Y no es para menos. Pensar consume energía. Tu cerebro hace lo posible para ahorrar toda la que puede. De ahí que pienses lo mínimo posible. Reflexionar y hacer las cosas de forma consciente e intencionada puede ser agotador. Especialmente al principio. Sin darte cuenta, has automatizado inconscientemente muchos de los comportamientos que llevas a cabo, de las actitudes que adoptas y de las decisiones que tomas en tu día a día. Es una simple cuestión de ahorro energético. Eso sí, el precio que pagas cuando vives dormido y funcionas por inercia —con el piloto automático puesto— es que tu vida está gobernada por tu subconsciente.[43]

Hábitos mecánicos e inconscientes

¿Realmente crees que eres una persona libre que toma decisiones racionales? Piénsalo de nuevo. Lo que tienen en común tu sociodependencia y tu FOMO es que se han convertido en hábitos inconscientes. Se disparan de forma mecánica e impulsiva frente a determinados estímulos, tanto internos como externos. Tu cerebro los ha automatizado a base de haberlos venido repitiendo una y otra vez a lo largo de tu existencia.

Recuerda que el miedo a la soledad está en tus genes. Y que desde muy pequeñito interiorizaste que dependías de compañía ajena para sobrevivir. Y también para evitar sentirte triste, solo y abandonado. Ésta es la razón por la que cada vez que te vuelve a invadir dicha desagradable sensación coges inmediatamente el móvil en busca de conexión. Y por la que dices impulsivamente que «sí» a cualquier plan social que se te presente. Lo que en realidad estás buscando sin darte cuenta es obtener un nuevo chute de nicotina social para aliviar la ansiedad y el vacío que sientes. Estás tan desconectado de ti mismo que no sabes lo profundamente desconectado que estás de ti mismo.

La próxima vez que sientas aburrimiento, soledad o tristeza no hagas nada. No llames a nadie. Simplemente acoge estas emociones. Quédate quieto, observándote. Y estate muy atento a tu primera reacción impulsiva. Date cuenta de las ganas que tienes de mirar el móvil. Pero no lo hagas. Sé consciente de tu sociodependencia. Y haz lo mismo con tu FOMO. Por más mensajes que se vayan acumulando en el chat de WhatsApp de tu grupo de amigos, resiste la tentación de abrirlo. Siente el miedo a perderte algo. Afróntalo. Solamente al ponerle este tipo de consciencia te darás cuenta de lo esclavo que eres de tus impulsos subconscientes.

Los vicios vienen como pasajeros, nos visitan
como huéspedes y se quedan como amos.

CONFUCIO

15. El síndrome del invitado

Dado que aún no disfrutas estando a solas apenas cultivas tu mundo interior. Por eso te aburres en tu propia compañía. Te aterra conectar con el niño (o la niña) que vive dentro de ti. Para evitar sentir el dolor de los traumas que todavía arrastras de tu infancia, no ahondas en ti. Te quedas siempre en la superficie. Y para perpetuar esta forma tan disfuncional de vivir, te engañas y te mientes constantemente, mirando hacia otro lado y buscando en otra parte. Así es como imposibilitas mantener una relación de amistad contigo. Y entonces ¿qué es lo que realmente compartes cuando interactúas con otros? Pues las migajas que ni tú mismo te quieres comer.

Piénsalo bien: ¿cómo vas a intimar con otro ser humano si no cultivas la «intimidad» contigo mismo? Esta palabra procede del latín «*intimum*», que significa «tu centro más profundo». Es el lugar más recóndito de tu ser, donde se esconde la verdad más verdadera acerca de quién eres. Sin embargo, está completamente sepultada por todo tipo de condicionamientos. Ésta es la razón por la que —como adulto— no estás en contacto con tu auténtica esencia. Al haberse el ego apoderado de ti, te relacionas con los demás por medio de un falso concepto de identidad. Sin darte cuenta te has convertido en un farsante. Por eso tu vida social es —en cierta medida— una farsa protagonizada por la hipocresía y la superficialidad.

Pero bueno, no te fustigues. En mayor o menor medida nos pasa a todos. Curiosamente, el ser humano es el único animal que no es lo que aparenta ser. Una oveja es siempre una oveja. Un lobo es siempre un lobo. Sin embargo, un hombre (o una mujer) puede ser un lobo, una oveja, un lobo disfrazado de oveja, una oveja disfrazada de lobo o incluso la caperucita roja... Si eres como la mayoría, con el paso de los años seguramente te hayas convertido en un maestro adornando tu personalidad con capas y más capas de falsedad. Y es que no tiene nada que ver cómo te comportas en solitud que como lo haces en sociedad.

CAUSAR BUENA IMPRESIÓN

Cuando estás solo eres libre para ser y hacer lo que consideras oportuno en cada momento. Actúas de forma natural. Es algo que te sale sin esfuerzo. Simplemente eres. En cambio, cuando interactúas con otras personas —especialmente en grupo— la cosa cambia, ¿no es cierto? La mirada ajena condiciona tu manera de comportarte. Es entonces cuando fuerzas ser alguien distinto. Pierdes parte de tu espontaneidad. Y deja de haber coherencia entre lo que sientes y lo que muestras. A esto precisamente se refiere «el síndrome del invitado»,[44] según el cual en presencia de desconocidos tiendes a manifestar solamente aquellas partes de ti que te permitan agradar a tus interlocutores. Te conviertes en alguien políticamente correcto que dice y hace lo que se supone que ha de decir y hacer para gustar y caer bien, como si estuvieras en una primera cita.

Existen dos ejemplos cotidianos que ilustran este síndrome. En primer lugar, acuérdate de cómo eran las comidas familiares en tu hogar cuando eras un adolescente que vivías en casa de tus padres. ¿Qué solía pasar cuando sólo estabas tú con ellos y con tus hermanos? ¿Acaso de vez en cuando no había algún tipo de tensión, conflicto o bronca? Y ahora recuerda cómo eran estos mismos encuentros cuando había algún invitado en la mesa. ¿Verdad que cambiaba por completo la actitud en general y las conversaciones en particular? De pronto los trapos sucios se metían debajo de la alfombra. Y en la medida de lo posible aparentabais ser una familia normal y funcional. Con la finalidad de causar una buena impresión todos os esforzabais por sacar a relucir vuestra mejor versión.

La simple presencia de un invitado provocaba que actuarais de una forma algo falsa y forzada.

El segundo ejemplo suele darse durante la edad adulta. Pongamos que tu pareja y tú habéis organizado una cena en vuestra casa con un grupo de amigos. Y que instantes antes de que aparezcan os engancháis por cualquier tontería y empezáis a pelearos, ¿te suena? La *magia* del síndrome del invitado es que en el preciso instante en el que pican al timbre dejáis automáticamente de discutir. Y nada más abrir la puerta —y dar la bienvenida a vuestros invitados— reprimís vuestras auténticas emociones. Seguidamente fingís que sois una pareja feliz. Y así seguís durante toda la velada, hasta que finalmente se marchan y retomáis la discusión donde la dejasteis, manifestando nuevamente vuestro lado oscuro.

Desnudarse emocionalmente

El síndrome del invitado te lleva a relacionarte con el mundo y con los demás por medio de una máscara. Y es que compartir intimidad con otras personas es algo muy arriesgado, pues implica desnudarte emocionalmente y quedarte al descubierto. Y esto es lo que más te aterroriza. Principalmente porque te da vergüenza que la gente que te rodea descubra lo que en realidad hay dentro de ti. Tampoco quieres que los demás vean tus carencias, complejos, inseguridades y mediocridades. Por eso te relacionas con ellos manteniendo una distancia prudencial. La suficiente como para que nadie se dé cuenta de tus carencias e inseguridades.

A su vez, este síndrome también hace que te pongas una coraza, por medio de la que intentas proteger tu lado más vulnerable. Otro de tus mayores temores es que los demás te hagan daño, traicionando tu confianza. Y que chismorreen a tus espaldas sobre asuntos íntimos que hayas podido compartir en un momento de debilidad con alguna persona cercana. Y no es para menos. Hablar de la vida de los demás es uno de los *hobbies* principales de nuestra especie. Al fin y al cabo, la única forma verdaderamente segura de conservar un secreto es no revelárselo nunca a nadie. Eres dueño de lo que callas y esclavo de lo que dices.[45]

Si bien vivir tras un escudo te garantiza una mayor protección social, también te impide crear conexiones reales y profundas con quienes te rodean. Y al no abrirte emocionalmente, terminas conversando de cualquier cosa menos de lo que ocurre dentro de ti. Al no mostrar tu vulnerabilidad estás impidiendo cualquier posibilidad de que haya intimidad. Debido al síndrome del invitado las relaciones humanas se han convertido en un baile de máscaras y de corazas donde nadie conoce a nadie. Y como consecuencia, la sociedad es en sí misma un gigantesco teatro donde nada nunca es lo que parece ser. Prueba de ello es que cuando detienen a un asesino sus vecinos suelen decir de él que era un tipo normal y encantador.

La hipocresía es el alma de la vida social.

OSCAR WILDE

16. El triunfo de los «bodriólogos»

Tus relaciones están marcadas por una curiosa paradoja. Debido a tu miedo a la soledad montas planes continuamente con otras personas. Al ser sociodependiente no te queda más remedio que pasar tiempo con otros sociodependientes. Sin embargo, tu temor a mostrarte vulnerable no te permite intimar con nadie. Por eso sueles acudir a encuentros sociales a los que asista mucha gente. De hecho, cuanta más mejor. Así se reduce la posibilidad de que exista algún tipo de conexión profunda y genuina. No es casualidad que en grandes agrupaciones humanas prevalezcan la frivolidad y la mediocridad. Lo que se busca en este tipo de reuniones es un nuevo chute de nicotina social.

La única forma de que estos eventos se sostengan es por medio de charlas triviales y conversaciones intrascendentes en las que se habla mucho, pero no se comparte nada sustancial. Los asistentes comen, beben y fuman sin parar mientras emiten sonidos que conjuntamente generan un ruido de fondo del cual no son conscientes. Principalmente porque están demasiado absortos en sí mismos, en su incesante parloteo mental. Y, en función de lo que se alargue la velada, estos encuentros suelen degenerar hasta alcanzar un estado de enajenación colectiva.

La principal función de este tipo de reuniones es posibilitar que las personas puedan vaciar sus mentes las unas sobre las otras, evadiéndose de sus problemas personales durante horas. Espero que no te escandalices si te digo que en demasiadas ocasiones las relaciones humanas son —fundamentalmente— otra manera de «matar el tiempo». Y es precisamente en estos contextos sociales donde suele producirse con bastante frecuencia el denominado «bodriólogo».[46] Se trata de «una cháchara banal y aburrida entre dos personas egocéntricas —carentes de empatía— cuya verborrea resulta ser un bodrio para ambos».

Dos monólogos superpuestos

Irónicamente, durante el transcurso de un bodriólogo ninguno de los dos interlocutores escucha al otro. Tan sólo lo
aparentan. Si bien desde afuera parece que están manteniendo un diálogo, en realidad se trata de dos monólo-
gos superpuestos que se van interrumpiendo cada cierto
tiempo. Mientras el emisor habla de sus cosas, el receptor
está esperando impaciente cualquier hueco o pausa en su
disertación para meter cuña y empezar a hablar de las suyas.

Lo más fascinante de un bodriólogo es que en ningún momento ninguno de sus dos participantes se interesa verdaderamente por el otro. En este tipo de intercambios narcisistas,
ambos se utilizan el uno al otro como meros contenedores
en los que verter mecánicamente todos los pensamientos que
deambulan como autómatas por sus mentes neuróticas. Y cuando dicho bodriólogo termina los dos se quedan igual de vacíos de como estaban, sintiendo que no han compartido nada
esencial, valioso ni relevante, que es justamente lo que anda-
ban buscando. Por lo menos han estado un rato ocupados y
entretenidos.

Y, entonces, ¿cómo puedes saber si estás a punto de ser
víctima de un bodriólogo? Muy sencillo. La próxima vez que

inicies una supuesta *conversación* con otro ser humano, observa la tendencia que suele tener tu interlocutor a hablar de sí mismo. Y si pasados un par de minutos sigue charlando sin parar —y en ningún momento detiene su parloteo para preguntarte por ti— ten mucho cuidado. Hay personas que padecen de incontinencia verbal. Son auténticas taladradoras humanas. No callan ni debajo del agua. Si tienes la oportunidad, huye.

Ya no tengo tiempo ni energía para personas aburridas,
relaciones superficiales, interacciones forzadas
y conversaciones vacías.

GEORGE CARLIN

17. La pareja: la gran proyección

La madre de todas las creencias limitantes que gobiernan inconscientemente tu mentalidad es que necesitas compartir tu vida con otra persona para sentirte completo. Es sin duda alguna el parche de los parches. Y la mayor de tus proyecciones. De hecho, incluso existe el término «anuptafobia», que significa «miedo a estar soltero y no encontrar compañero sentimental». Movido por una irracionalidad completamente infantil, proyectas en la pareja todos tus delirios relacionados con la búsqueda de la felicidad. Y entre otras barbaridades la llamas «alma gemela», «media naranja» e incluso el «amor de mi vida».

Sin embargo, estas desorbitadas expectativas son sólo una cortina de humo. Lo que en realidad anhelas es transferir la responsabilidad a otro ser humano para que extirpe de raíz tu miedo a la soledad y cure para siempre tu herida de abandono. Y no sólo eso. Bajo el hechizo biológico que te mueve a reproducirte y perpetuar la especie, formar una familia junto a otra persona te parece la opción más lógica y razonable. Y si bien prácticamente todos pasamos por este aro, son muy pocos los que no salen escaldados.

Hoy en día las rupturas de pareja no sólo son masivas, sino tremendamente dolorosas y desagradables. Especialmente cuando hay hijos de por medio. Es increíble lo destructiva que puede llegar a ser una separación. Y es surrealista lo que dos amantes que supuestamente se han querido pueden llegar a odiarse. Los divorcios sacan lo peor de nuestra condición humana. Prueba de ello son los abogados matrimonialistas, quienes lamentablemente —como consecuencia de su actividad profesional— se han convertido en uno de los colectivos más cínicos del planeta.

MENDIGOS EMOCIONALES

Al analizar con detalle las relaciones de pareja observamos que la mayoría de ellas atraviesa una misma secuencia: enamoramiento, noviazgo, convivencia, matrimonio, hijos, monotonía, conflicto, sufrimiento, infidelidad y separación. Y, entonces, ¿a qué se debe que el romance suela terminar en tragedia? ¿Qué provoca que este tipo de vínculos íntimos haga aflorar tu lado más oscuro y tenebroso? Nuevamente, la respuesta tiene que ver con el ego y su principal veneno: el «apego insano», el cual te lleva a necesitar y depender excesivamente del ser humano al que te has emparejado.

Todo comienza —como siempre— con la falta de autoestima, que te lleva a entrar en el mercado del amor como un «mendigo emocional». Debido a tu pobreza espiritual —principal herencia psicológica de tu infancia— eres incapaz de sentirte feliz por ti mismo. Ésta es la razón por la que tiendes a proyectar en otro ser humano el amor que no eres capaz de encontrar en tu interior. De ahí que idealices lo que una potencial pareja puede aportar a tu existencia, viéndola como la solución para llenar tu vacío existencial.

De hecho, uno de los principales motivos por los que sueles emparejarte es para poder gozar de afecto y estabilidad emocional. El quid de la cuestión es que al estar tan desconectado de tu verdadera esencia sueles vivir la sexualidad de forma mecánica, inconsciente y repetitiva. En muchas ocasiones, el coito se convierte en un analgésico más con el que tapar tu dolor. Y finalmente llega un día en el que lo que te aporta es inferior a lo que te resta. Es entonces cuando —en demasiadas ocasiones— el sexo desaparece por completo de la ecuación. Al menos el que practicas con tu pareja.

CODEPENDIENTES

Irónicamente, atraes a tu vida lo que eres. Por eso sueles terminar juntándote con otro mendigo emocional que tampoco se quiere a sí mismo. Y que está buscando solventar —equivocadamente— el mismo problema que tú: que alguien lo complete y le haga feliz. A pesar de que esta creencia está profundamente arraigada en el inconsciente colectivo de la sociedad, es completamente irrealizable. De ahí que tarde o temprano provoque que tu relación de pareja se deteriore, conduciéndote irremediablemente a un estado de frustración e insatisfacción permanente.

La sensación de fracaso inherente a tus vínculos íntimos esconde otra incómoda verdad. Y ésta tiene que ver con el legado emocional de tus padres, el cual influye mucho más de lo que imaginas en las dinámicas que estableces con tu compañero sentimental. A menos que sanes los traumas transgeneracionales que carga tu niño (o niña) interior, tiendes a pedirle inconscientemente a tu pareja que te dé lo que tu madre (o padre) fue incapaz de darte durante tu infancia. Ésta es la razón por la que en demasiadas ocasiones sueles reproducir los patrones de comportamiento que mamaste en casa. Y por la que el conflicto y el drama están absolutamente garantizados.

Llegados a este punto, resulta obvio entender por qué en general la gran mayoría de nosotros tendemos a establecer relaciones patológicas, tóxicas y enfermizas basadas en la mutua «codependencia». La paradoja del apego insano es que te hace creer que necesitas a tu pareja para ser feliz. Sin embargo, se convierte en la causa última de tu infelicidad. Esencialmente porque encarcela el amor y aprisiona la libertad. El indicador definitivo de que estáis entrando en la fase terminal es que ambos queréis que el otro cambie, culpándoos mutuamente de vuestro respectivo sufrimiento.

Para evitar terminar como acaba casi todo el mundo, es fundamental que comprendas que aquello que deseas cambiar de tu pareja pone de manifiesto lo que todavía no has resuelto dentro de ti. Tu pareja en realidad es un espejo: te muestra tus demonios internos y los fantasmas de tu pasado. Junto con tus hijos, te brinda la oportunidad de cultivar el Amor con mayúsculas, lo cual pasa por trascender de una vez por todas tus heridas de infancia. Y, por ende, tu narcisismo. En vez de usarla como un parche para no sentirte solo, aprovéchala para tu propia curación y transformación. Mientras la sigas necesitando es imposible que puedas amarla de verdad.

El mejor regalo que puedes hacerle a tu pareja
es evitar hacerle responsable de tu felicidad.

LOUIS HAY

SEGUNDA PARTE

LOS MIL PASOS
HACIA
LA LIBERTAD

V

La desintoxicación social

Un buen día unos padres entregaron a su hijo unas monedas. No se sabe cuántas eran ni tampoco si estaban hechas de oro, de plata o de bronce. Y el joven, indignado, las tiró al suelo y les gritó: «¡Qué injusticia más grande! ¡Éstas no son las monedas que me merezco!». Seguidamente pegó un portazo y salió de la casa familiar por la puerta de atrás, con el corazón inundado de rabia, tristeza y resentimiento.

Durante años la lucha, el conflicto y el sufrimiento marcaron la vida de aquel joven. Sin monedas se le hacía muy difícil vivir. Se sentía completamente perdido. Por eso decidió ir a buscarlas a otra parte. Creyó que aparecerían al iniciar una relación de pareja. Poco después se casó, pero ni rastro de las monedas. Más tarde tuvo su primer hijo. «Seguro que las tiene él», pensó. Un par de años más tarde confirmó que no era así. Movido por su tozudez, tuvo un segundo hijo. Pero las monedas tampoco estaban ahí.

Casado y con dos críos, no conseguía llenar su vacío. Su vida carecía de propósito y de sentido. Seguía sufriendo. Y su relación con su mujer y sus hijos empezó a resquebrajarse... Hacia los cuarenta años se sumergió en una crisis existencial. Y a regañadientes decidió buscar un terapeuta. Por el camino encontró unos cuantos falsos psicólogos que le aseguraban tener las monedas que le faltaban. Y todos ellos le insistían en que dicho proceso iba a requerirle de mucho tiempo y dinero...

TERAPEUTA ÍNTEGRO

Afortunadamente, acabó encontrando a un terapeuta consciente e íntegro, quien le confesó que no tenía sus monedas, pero que se comprometía a acompañarlo para que él mismo descubriera dónde se encontraban. Y eso hizo. Tras un profundo proceso de autoconocimiento, finalmente se liberó del dolor y vio con claridad dónde estaban las monedas que necesitaba para disfrutar plenamente de la vida.

Así fue como aquel hombre volvió a casa de sus padres. Y nada más verlos, les pidió disculpas por la forma en la que se había comportado en los últimos años. Con lágrimas en los ojos les agradeció todo lo que habían hecho por él. Y les pidió por favor que le devolvieran las monedas. Los padres le entregaron nuevamente a su hijo las mismas monedas que le habían dado años atrás. No se sabe cuántas eran ni tampoco si estaban hechas de oro, de plata o de bronce.

Y al recibirlas, el hijo les dijo: «Papá, mamá... Me ha llevado muchos años, pero por fin he comprendido que estas monedas son exactamente las que necesito para seguir mi propio camino». Y los tres se fundieron en un tierno y sentido abrazo. Al salir de casa de sus padres —y despedirse cariñosamente de ellos— notó cómo su corazón se llenaba de amor, paz y felicidad. En el momento en que aceptó, tomó y agradeció las monedas de sus padres se reconcilió consigo mismo y con la vida. Y todo lo demás —incluyendo la relación con su mujer y sus hijos— se fue ordenando a su debido tiempo.[47]

18. El mito de las relaciones

¿Recuerdas el día en el que descubriste que los Reyes Magos eran los padres? ¿Te acuerdas de la confusión que sentiste cuando alguien te contó la verdad? Al principio no querías creerlo. De hecho, durante algún tiempo te engañaste a ti mismo, pues una parte de ti quería preservar la *magia* de la Navidad. Sin embargo, finalmente fuiste consciente de cómo la sociedad en general —y tus padres en particular— te estuvieron mintiendo durante años. Fue un golpe muy duro para tu inocencia. Eso sí, se trataba de un engaño justificado por la ilusión que te hacía.

Pues bien, algo similar te ha venido ocurriendo con respecto al verdadero valor que la vida social aporta a tu vida. Es muy probable que creas que la compañía ajena es la principal fuente de felicidad, así como el mejor antídoto contra la soledad que crees que te genera el estar solo. Sin embargo, se trata de una mera convención. En este caso, cuando le quitas el velo de fantasía a aquello que te han venido contando, tarde o temprano descubres que —en muchas ocasiones— las relaciones humanas están sobrevaloradas. Sobre todo las que estableces con otros sociodependientes. Evidentemente, no es algo fácil ni cómodo de asumir. Tanto es así que lo normal es que ahora mismo te estés poniendo a la defensiva. Y que una parte de ti rechace lo que acabas de leer.

Si ése es el caso, que sepas que estás siendo víctima de un mecanismo de defensa llamado «disonancia cognitiva». Se trata del malestar mental que experimentas como efecto de recibir información nueva que atenta contra tu viejo sistema de creencias. No en vano, para operar funcionalmente necesitas que exista coherencia entre tu percepción de la realidad y tu consiguiente manera de actuar. Es decir, entre lo que piensas y lo que haces. De ahí que de entrada te opongas a cualquier idea contraria a tu forma habitual de pensar y de comportarte.

DEJA DE ENGAÑARTE A TI MISMO

No te preocupes. Sentir esta incomodidad forma parte de tu proceso de desintoxicación. Recuerda que tanto tu herencia genética como tu condicionamiento psicológico te hacen creer que aquello que inconscientemente estás buscando —ya sea seguridad, amor o bienestar— se halla en las personas con las que te relacionas. De hecho, cuanto más desconectado y alejado estás de ti mismo, más proyectas en los demás tu anhelo de conexión y plenitud. Ésta es la razón por la que le das a las relaciones un valor excesivo que en realidad no tienen.

Sin embargo, por más cantidad de vínculos que mantengas el sentimiento de soledad te persigue como una sombra. Y es que no hay gente suficiente en este mundo capaz de llenar el vacío de una persona que no sabe hacerse compañía a sí misma. En vez de mirarte en el espejo de tu alma y confrontar tu miedo, tu dolor y tu ignorancia, lo más habitual es que te engañes a ti mismo. Por eso sueles idealizar el papel que los demás juegan en tu existencia. Todo con tal de no cuestionar y vencer tu adicción a la nicotina social.

Si bien no es fácil encontrar la felicidad dentro de ti, es imposible que la encuentres en ninguna otra parte. Esencialmente porque la plenitud que anhelas procede de dentro, no de fuera. Los demás pueden proveerte de protección, apoyo, complicidad, afecto, placer, entretenimiento, recursos, servicios, oportunidades... Pero no te pueden dar felicidad ni tampoco hacerte feliz. Más que nada porque se trata del estado natural de tu ser. *Eres* feliz cuando vives conectado y en armonía contigo mismo, con tu verdadera esencia. Y sobre todo cuando amas. Desmitificar las relaciones humanas pasa irremediablemente por entender que más que generadoras de bienestar, en realidad son potenciadoras de lo que llevas dentro.

SUCEDÁNEOS DE FELICIDAD

La auténtica felicidad es una experiencia intrínseca que no tiene ninguna causa externa. No te la puede suministrar nada ni te la puede proporcionar nadie. Deviene de forma natural cuando estás aquí y ahora, genuinamente consciente, despierto y presente. La cruda realidad es que —como consecuencia de la sociedad narcisista en la que vivimos— muy pocos seres humanos la han saboreado. Y por una simple cuestión matemática, seguramente no seas uno de ellos. Por eso sueles conformarte con los sucedáneos de felicidad —en forma de parches, alivio y anestesia— que te aportan las personas con las que te relacionas.

Para liberarte de tu adicción a la nicotina social has de hacer algo tremendamente difícil: practicar la honestidad radical contigo mismo. Y esto pasa por reconocer que eres sociodependiente. Es decir, adicto a la vida social. Este reconocimiento también pasa por asumir que cuando estás a solas te aburres por no saber hacerte compañía. Y, en definitiva, por ser consciente de que hoy en día todavía no eres tu mejor amigo, sino más bien un desconocido. Sólo entonces comprenderás por qué has venido idealizando tu relación con los demás, autoconvenciéndote de que necesitas y dependes emocionalmente de otros para sentirte bien contigo.

A partir de ahí, tu proceso de desintoxicación social pasa por recorrer metafóricamente «los mil pasos hacia la libertad». Recuerda que aprender a estar solo solamente se aprende estando solo. A base de practicar la solitud terminas por amar tu soledad. Así de simple. Eso sí, te hago un spoiler: los primeros pasos son —de largo— los más complicados y adversos de todos. Por eso casi nadie emprende este viaje. Al principio, cada vez que te retiras voluntariamente de la sociedad —y te atreves a pasar tiempo solo— es normal que te invada un intensísimo sentimiento de vacío, ansiedad, tristeza y angustia. Es el efecto de privar a tu organismo de la nicotina social, sintiendo instantáneamente el miedo a perderse algo (FOMO). Tu herida de abandono se abre de inmediato y empieza a supurar pus por todas partes. Tanto que en ocasiones el dolor es bastante insoportable. Puede que incluso no puedas dejar de llorar... Sin embargo, en la medida en que vas avanzando —paso a paso— la sensación de soledad cada vez es menos dolorosa e intensa.

MUERTE PSICOLÓGICA

El quid de la cuestión es que a lo largo de este proceso de desintoxicación social una parte de ti ha de morir para que nazca una nueva, mucho más consciente, madura y evolucionada. Y para que suceda esta muerte psicológica en algún momento vas a experimentar —inevitablemente— ciertas dosis de pánico y terror. Literalmente vas a sentir que te mueres... Es entonces cuando tienes que armarte de valor y de fortaleza, siendo consciente de que estás afrontando uno de los momentos más importantes y trascendentes de tu vida.

Es fundamental que comprendas que tu transformación no es gratis. Requiere que pagues un precio: el dolor inherente a soltar aquellos apegos que te han venido proporcionando —en el ámbito de las relaciones sociales— una falsa sensación de pertenencia, protección y seguridad. Eso sí, al hacerlo algo se desbloquea dentro de ti, obteniendo una suculenta recompensa. Dado que tu principal apego es ser amado por otros —y que nunca te dejen solo—, el beneficio que obtienes cuando sueltas dicho apego es aprender a atender y consolar esa parte interna de ti que teme a la soledad. Así es como aprendes a amarte a ti mismo, volviéndote un ser emocionalmente libre y autosuficiente.[48]

A lo largo de este camino vas a desprenderte de muchas creencias irracionales sobre la vida social. Y con el tiempo y la práctica acabas enamorándote de la solitud. Te aseguro que llega un día en el que estar a solas se convierte en tu templo, tu refugio y tu paraíso. De hecho, una vez que has recorrido los primeros mil pasos no vuelves a sentirte solo. Te sientes acompañado por ti mismo. Y si en algún momento vuelve a aparecer la sensación de soledad, sabes perfectamente cómo lidiar con ella. Y este aprendizaje lo cambia todo. Absolutamente todo. Al sentirte libre para ser quien verdaderamente eres, tus relaciones con los demás nunca vuelven a ser las mismas. Devienen mucho más auténticas y plenas.

La solitud es peligrosa, pues una vez que te das cuenta de cuánta paz y dicha hay en ella cada vez te apetece menos lidiar con la gente.

CARL GUSTAV JUNG

19. Mata a tus padres con amor

Tu relación con la sociedad suele ser un reflejo bastante fiel del vínculo que mantienes con tus padres. De ahí que para desintoxicarte socialmente, trascender tu sociodependencia y superar tu adicción a la nicotina social es imprescindible que te emancipes emocionalmente de tus progenitores. Y es que sólo liberándote de su influencia psicológica podrás convertirte en un adulto autónomo, independiente y autosuficiente. Y si bien es muy fácil de decir, muy pocos saben llevarlo a la práctica. De hecho, se trata de un aprendizaje que casi nadie logra culminar.

Por un lado, hay quienes no lo consiguen por seguir excesivamente apegados. Dependen tanto de papá y mamá que no pueden vivir sin ellos. Y han estado tan sobreprotegidos que no saben valerse por sí mismos. Solamente pensar que algún día no estarán a su lado les causa una profunda conmoción. Más que nada porque sus padres lo son todo para ellos: sus referentes, sus gurús, sus guías... Y también sus tarjetas de crédito. En estos casos los hijos suelen seguir las consignas de sus progenitores a rajatabla, convirtiéndose en una burda fotocopia de ellos. Actuando de esta manera tienden a volverse ciudadanos prosistema —borregos, obedientes y sumisos—, completamente adaptados al orden social establecido.

Por otro lado, los hay que siguen demasiado enfadados y peleados con sus padres. Seguramente por haber recibido algún tipo de maltrato o abuso durante su infancia. De ahí que les sigan culpando de todas las desgracias y miserias que padecen en la edad adulta. Y movidos por el rencor se rebelan contra ellos, rompiendo bruscamente con el entorno social y familiar en el que crecieron. A su vez, tienden a adoptar un estilo de vida y unos valores opuestos a los de sus progenitores. Todo con tal de no parecerse a ellos. Este tipo de comportamiento reactivo suele convertirlos en ciudadanos antisistema, tratando de alterar —de alguna forma u otra— el *statu quo* de la sociedad... Tanto los unos como los otros siguen atados a sus padres, pues sus respectivas conductas sociales están directa e indirectamente condicionadas por ellos.

¿TE SENTISTE QUERIDO POR TUS PADRES?

Piensa un momento en tu infancia. ¿Te sentiste suficientemente querido por tus padres? Si eres como la gran mayoría de seres humanos ahora mismo estás negando con la cabeza. Vaya, que tu respuesta es «no». Y en el caso de que seas madre (o padre), ¿consideras que estás queriendo suficientemente a tus hijos? Seguramente estás asintiendo, dando por sentado que tu contestación es «sí». Lo cierto es que casi todas las personas que tienen críos creen lo mismo que tú: que son buenos padres y madres. Curioso, ¿no? Es evidente que si comparamos ambas respuestas los números no cuadran por ningún lado.[49]

En el caso de que hayas tenido padres con tendencias narcisistas —y por tanto una infancia complicada—, en algún momento te prometiste que jamás harías con tus hijos lo que tus progenitores hicieron contigo. Sin embargo, cuando finalmente te conviertes en padre (o madre) con frecuencia terminas repitiendo los mismos patrones que mamaste en casa. Y esto es así porque lo que rechazas te mantiene encadenado, mientras que lo que amas te hace libre. En el fondo, tanto tú como ellos sois víctimas de los traumas transgeneracionales del linaje de vuestra familia, los cuales se pasan inconscientemente de generación en generación.[50]

El hecho de que sigas emocionalmente prisionero de tus padres —y, por ende, de la sociedad— pone de manifiesto que continúas identificado con el arquetipo de «hijo». Es decir, que sigues siendo un adolescente, todavía por madurar. Convertirte en un adulto no es algo que se logra simplemente cumpliendo años. Ni mucho menos. Requiere de un profundo trabajo interior de sanación, transformación y liberación en relación con los dos adultos que te dieron la vida. Para lograrlo, es muy

recomendable que lleves a cabo los siguientes siete aprendizajes vitales. De su realización depende que te conviertas —finalmente— en un individuo genuinamente feliz, libre y consciente.

SUELTA LA CULPA

El primer aprendizaje para liberarte psicológicamente consiste en «dejar de culpar a tus padres» por las inseguridades, carencias y frustraciones que sigues experimentando hoy en día como adulto. Hay una parte de ti —ese niño
asustado— que te hace creer que la causa de tu malestar y
tu sufrimiento actuales tiene mucho que ver con lo que tus
progenitores fueron e hicieron durante tu infancia. Puede
que tus padres te clavaran un puñal cuando todavía eras
un niño (o una niña) inocente, vulnerable e indefenso. Pero
ahora que eres un adulto, depende de ti sacártelo del pecho
y dejar de ahondar en dicha herida. Sólo así podrá curarse y
cicatrizar. Por muy fastidioso que sea para el ego, tarde o
temprano has de soltar el victimismo y pasar página. Madurar implica transformar tu dolor en algo útil, bonito y provechoso.

El segundo aprendizaje consiste en «dejar de intentar cambiar a tus padres». Observa cómo te frustras cada vez que no cumplen tus expectativas. ¡No le pidas peras al olmo! Sé consciente de cómo los juzgas y criticas cuando no se comportan como tú consideras que deberían comportarse. Comprométete con aceptarlos tal como son, con sus defectos, limitaciones y mediocridades. Tu emancipación emocional pasa por renunciar a la relación idealizada que te gustaría mantener con ellos. Sólo así podrás discernir entre lo que pueden darte y lo que no, aprendiendo a gestionar el vínculo real que sí está a tu alcance.

El tercer aprendizaje consiste en «asumir que no eres responsable de la felicidad de tus padres». En el caso de que sean personas amargadas y depresivas, apóyalas y acompáñalas en su proceso vital. Pero no intentes salvarlas, pues acabarás hundiéndote con ellas... Haz memoria y vuelve un momento a tu infancia. Cuando eras un niño pequeño es bastante posible que te pasara algo parecido a esto: en cierta ocasión rompiste algo. Y tu madre —que ese día estaba muy descentrada— reaccionó impulsivamente, se perturbó a sí misma y seguidamente te culpó de su malestar. De esta manera y por medio de episodios como éste, creciste creyendo que el estado de ánimo de tus padres estaba vinculado con tu comportamiento. Liberarte emocionalmente de ellos implica comprender que su bienestar no es tu responsabilidad, sino suya. Recuerda que nadie hace feliz a nadie. Hazte responsable de tus propias emociones y deja de culparte por las de los demás. Lo que sí depende de ti es mejorar la calidad de lo que aportas al vínculo.

NO ESPERES NADA DE TUS PADRES

El cuarto aprendizaje para conquistar la madurez pasa por «no esperar que tus padres te quieran». Por el contrario, céntrate en amarlos tú a ellos. Además, ¿dónde está escrito que los progenitores tengan que querer a sus hijos? Sería maravilloso que esto sucediera, pero en general no es así. ¿Cómo van a amarte tus padres si no saben amarse a sí mismos? En un plano emocional, las personas sólo pueden dar lo que tienen. Y sólo tienen lo que se han dado a sí mismas primero. Además, en realidad no necesitas nada de ellos para sentirte bien contigo mismo. Ya eres lo suficientemente mayor como para relacionarte con tus padres de adulto a adulto. En vez de pedir y esperar, dales tú lo que te gustaría recibir de ellos.

El quinto aprendizaje consiste en «cultivar la compasión hacia tus padres». Para lograrlo, trata de ver a los dos seres humanos imperfectos que hay detrás de las etiquetas «papá» y «mamá». Muchos de sus actos y decisiones están movidos por la inconsciencia, el miedo y el dolor. No olvides que ellos también fueron niños inocentes. Y que seguramente sus infancias estuvieron marcadas por las carencias de sus padres. Tu mochila emocional no es nada comparada con el maletón tan pesado que cargan a sus espaldas. Es bastante probable que hayan tenido que afrontar y padecer circunstancias existenciales todavía más adversas que las tuyas. Deja de tomarte como algo personal sus actitudes y comportamientos. Recuerda que debido a sus propios traumas son adultos emocionalmente inmaduros. Al igual que tú, tus padres lo han hecho lo mejor que han sabido según su nivel de consciencia y su grado de comprensión. No dudes que el daño que te hayan podido causar ha estado motivado por la ignorancia, no por la maldad. Si puedes, perdónalos de corazón. Y si todavía no te sientes capaz, por lo menos deja de alimentar tu resentimiento. Más que nada porque el rencor es un veneno que principalmente te destruye a ti.

El sexto aprendizaje consiste en «valorar y agradecer todo lo que tus padres han hecho por ti». Es muy fácil protestar y quejarte de tus progenitores. Es una simple cuestión de imaginación encontrar motivos por los cuales seguir condenándolos y rechazándolos. Sin embargo, ten en cuenta que no existe una profesión tan exigente, desafiante y agotadora como la paternidad y la maternidad. Y lamentablemente nadie nos enseña a ejercerla con amor y consciencia. De ahí que cometer errores sea tan inevitable como necesario. Por otro lado, pon en valor lo que sí supieron hacer bien. Si ahora mismo estás aquí —leyendo este libro— es en parte gracias a ellos. Esencialmente porque te han dado lo más importante que nadie ni nada podrá darte nunca más: tu propia vida. Piensa también en todo el tiempo y energía que invirtieron en ti... Muchos sólo conquistan este tipo de madurez cuando tienen hijos. Sólo entonces se dan cuenta de lo injustos que han sido con sus propios padres.

El mejor camino para encontrar la paz

El séptimo y último aprendizaje consiste en «comprender que no tienes los padres que quieres, pero sí los que necesitas para descubrir y desplegar todo tu potencial como ser humano». Puede que tus progenitores te maltrataran física

y psicológicamente. Que abusaran de ti. Que te sobreprote-
gieran. Que estuvieran ausentes. Que te abandonaran. Que
te dejaran algún tipo de deuda. O que fueran un pésimo
ejemplo para ti... Por muy horrible y tenebrosa que fuera tu
infancia, está en tus manos aprovecharla para tu transformación y evolución espiritual. A veces lo peor que te pasa
en la vida puede convertirse en lo mejor que podría haberte
pasado. Todo depende del beneficio que sepas sacarle a
dicha situación. Convertir un acontecimiento traumático en
algo provechoso es sin duda el mejor camino para encontrar la paz.

En definitiva, para poder liberarte de la influencia psicológica de tus padres es fundamental que los *mates* con el cuchillo
del amor. Esta metáfora psicológica implica amar lo que son
—y han sido—, así como amar lo que hacen y han hecho. Para
ello no hace falta que te gusten, que te caigan bien o que estés de acuerdo con tus progenitores. Ni siquiera que los veas
a menudo. Lo verdaderamente importante es que cultives
conscientemente el desapego, el respeto y la asertividad, dejando de luchar y entrar en conflicto con ellos. El truco final
consiste en dejar de ofenderte ante nada de lo que digan o hagan. Y en evitar decir o hacer cosas que puedan ofenderlos.
Y, por supuesto, si después de llevar a cabo este trabajo inte-

rior consideras que tus padres son adultos tremendamente descentrados o tóxicos, tienes todo el derecho a poner tierra de por medio.

Eso sí, recuerda que no existe tal cosa como la separatividad. Tu madre y tú no sois la misma persona, pero tampoco sois exactamente dos entes distintos. El cordón umbilical que te conecta con ella no está fuera, sino dentro. Y os une durante el resto de tu existencia. En la mayoría de culturas milenarias la palabra «madre» es sinónimo de «vida», «realidad», «universo», «cosmos», «dios»... Estar peleado con ella —o con tu padre— es estar peleado contigo y con la existencia. De ahí que para poder sentirte feliz y completo es absolutamente imprescindible que hagas las paces con ellos.[51] De hecho, hay un indicador irrefutable para saber si has culminado tu proceso de emancipación emocional: sentir paz y agradecimiento en tu corazón con respecto a tus padres. Y ya para nota, pasar un fin de semana con ellos sin perturbarte.

A menos que mates a tus padres nunca serás libre.

SIDDHARTA GAUTAMA, BUDA

20. Reconcíliate con tu niño interior

Más allá de cómo se comportaron contigo tus padres durante tu infancia, trascender tu sentimiento soledad pasa por transformar la relación que mantienes contigo ahora que eres adulto. Recuerda que lo pasado, pasado está. La clave consiste en centrarte en lo que depende de ti en el presente. No importa si ya te han salido arrugas en la cara. O canas en el pelo. En tu interior sigue habitando una niña (o un niño) que necesita ser cuidado, valorado y protegido por el adulto en el que te has convertido. En la jerga psicológica se le conoce como «el niño o la niña interior». Se trata de una metáfora para describir tu «capa de vulnerabilidad».[52] Es decir, tu parte frágil, herida e infantil: el sótano en el que albergas tus emociones más inconscientes y sombrías.

El niño interior representa todo aquello que necesitaste de tus padres para sentirte seguro y amado. Y que éstos —por los motivos que fuera— no fueron capaces de darte.[53] Debido a los traumas que sufriste cuando eras pequeño suele estar dañado y asustado. Ahora que eres un adulto tu niño interior se siente solo y abandonado por ti. ¿Cómo no va a sentirse así si no le haces ni caso? No lo escuchas. Tampoco lo atiendes. Ni siquiera le permites jugar... Y dado que acumula mucha tristeza, ansiedad y resentimiento, de vez en cuando se manifiesta por medio de berrinches y pataletas irracionales. Es puro dolor. Ésta es la razón por la que niegas su existencia dentro de ti.

Tu niño interior necesita desesperadamente que te hagas cargo de él. Que lo acunes entre tus brazos. Y que le des lugar en tu vida. Sin embargo, tú te empeñas en hacer lo contrario. Escapas y miras para otro lado. El adulto que hoy eres sigue rechazando al niño que fuiste. Por eso tu herida de abandono sigue abierta. Y no es para menos. Tienes mucho miedo de volver a sufrir lo que sufriste por no haberte sentido querido por tus padres. De ahí que inconscientemente hayas creado una «capa de protección»[54] alrededor de él en forma de coraza y máscara, la cual no sólo te desconecta de tu verdadera esencia, sino que te impide conectar emocionalmente con los demás. Todo con tal de no sentir el desgarrador llanto de tu niño interior. El quid de la cuestión es que, a menos que te reconcilies con él, esta parte de ti seguirá boicoteando tus relaciones íntimas, saboteando tu felicidad como adulto.

CÓMO SANAR A TU NIÑO INTERIOR

Sanar tu niño interior es un aprendizaje intransferible. Nadie más puede hacerlo por ti. Y está compuesto por una serie de fases.[55] La primera consiste en «ser consciente de lo que sucedió cuando eras pequeño» de la forma más objetiva y neutra posible. Sólo de pensarlo, a muchos este ejercicio les causa pereza y pavor. ¿Para qué revisitar la infancia cuando ha sido fuente de dolor y sufrimiento? ¿Qué sentido tiene desenterrar los fantasmas del pasado? Por muy fastidioso que sea al principio, tu curación emocional pasa por rememorar aquellos acontecimientos que más te marcaron a lo largo de tu niñez y adolescencia. Eso sí, quédate solamente con los hechos, desechando las historias que te has montado en tu cabeza acerca de ellos. Más que nada porque éstas están —inevitablemente— distorsionadas por tu egocentrismo. Y por tanto, suelen estar teñidas de cierto drama y victimismo.

A su vez, es muy recomendable que realices un exhaustivo trabajo de investigación para conocer en profundidad los traumas transgeneracionales que forman parte de tu árbol genealógico. ¿Quiénes fueron tus abuelos? ¿Qué tipo de infancia vivieron tus padres? ¿A qué circunstancias adversas tuvieron que hacer frente? Saber la respuesta a estas preguntas es fundamental para entender de dónde vienes, qué carga genética te configura y —en definitiva— por qué eres como eres. De lo que se trata es de que crezcas en comprensión y sabiduría acerca de los entresijos de tu linaje emocional. Conocer la verdad sobre tu familia te hace libre.

La segunda fase consiste en «sentir el dolor que sintió tu niño interior» durante los momentos más tenebrosos y sombríos de tu infancia. En vez de huir de tus demonios internos, ármate de valor y déjate transformar por ellos. Y esto pasa por hacer lo que más temes: permitir que el trauma que has enterrado dentro de ti aflore hasta la superficie, entrando en contacto con emociones intensas y angustiosas que durante demasiado tiempo has venido reprimiendo. El secreto para liberarte del dolor es sentirlo plenamente en el momento presente. Sin embargo, es aquí donde la mayoría sucumbe, pues son muy pocos los que pueden soportarlo. Y muchos menos los que consiguen trascenderlo.

RELACIÓN ENTRE EL ADULTO Y EL NIÑO

La tercera fase consiste en «establecer una relación entre tu parte adulta y tu lado infantil». Y que este vínculo sea el inicio de una gran amistad. De hecho, convertirte en un verdadero adulto implica comprometerte contigo mismo a sanar las heridas forjadas durante tu infancia. ¿Y cómo se hace eso? Pues del mismo modo que si te encontraras con un crío sufriendo solo en medio de la calle. ¿Acaso no te sentarías y hablarías con él? ¿No lo escucharías y tratarías de consolarlo? ¿No lo abrazarías? Pues eso es precisamente lo que has de hacer metafóricamente con tu propio niño interior.

En esta parte del proceso terapéutico lo importante es que te comuniques con él. Simplemente ponle intención. Establece un diálogo constructivo entre el adulto que eres y el niño que has sido. Coge una foto de cuando eras pequeño. Y mírate a ti mismo en el espejo fijamente a los ojos. Conecta de corazón con tu niño interior. Siente su presencia. Por muy absurdo que te parezca sigue habitando dentro de ti. De hecho, siempre ha estado ahí. Y ya sea hablándole o escribiéndole una carta, dile las cosas que te hubiera gustado que tus padres te dijeran. Hazle sentir que a partir de ahora siempre vas a estar con él. Que nunca más va a volver a sentirse solo porque no vas a volver a abandonarlo. Y fúndete con él en un abrazo eterno, consiguiendo que estas dos partes de ti —antaño tan separadas y distanciadas— vuelvan a ser una.

La cuarta y última fase consiste en «asumir —de ahora en adelante— el rol de padre (o madre) de tu propio niño interior», liberando al resto de los adultos de proveerte de cualquier sostén o suministro emocional. Dicha sanación concluye el día en el que tú mismo te conviertes en tu propio referente, tu mejor amigo y tu principal fuente de amor y de felicidad. Así es como finalmente alcanzas la independencia emocional y la madurez espiritual. El indicador más irrefutable para saber si has concluido este proceso terapéutico es que ya no tienes miedo de lo que pueda sucederte en la vida. Tu niño interior por fin se siente acompañado por un adulto. Ocurra lo que ocurra sabes que te tienes a ti mismo y que puedes contar contigo.

La sonrisa interior

Al completar estas cuatro fases notas física y emocional-mente cómo tu niño interior pasa de sentirse abandonado a sentirse amado por ti. Y este cambio interno transforma por completo tu existencia. Para empezar, tus ojos recuperan el brillo que tenías cuando eras un niño inocente, sintiéndote rejuvenecido y revitalizado. Al atravesar y sanar tu capa de vulnerabilidad te desprendes automáticamente de la coraza y la máscara que utilizabas para protegerte, accediendo al núcleo de tu ser esencial. Y dicha conexión profunda te revela quién verdaderamente eres en forma de curiosidad, motivación, entusiasmo, pasión y dicha. Es entonces cuando se dibuja una enorme sonrisa dentro de ti.

Al reconectar con tu niño interior, te atreves a ser y hacer lo que te dicte el corazón y no tanto lo que la sociedad espera de ti. De pronto te permites jugar con espontaneidad y disfrutar más plenamente de la vida. De hecho, sientes una inmensa alegría simplemente por el hecho de estar vivo. Así es como descubres que te gusta estar contigo mismo más que con ninguna otra persona. Y este descubrimiento te libera de tu adicción a la nicotina social, superando así tu sociodependencia. Como consecuencia, por fin estás capacitado para establecer vínculos íntimos genuinamente libres y amorosos. Y en el caso de que seas madre (o padre) empiezas a amar incondicionalmente a tus hijos, evitando caer en los mismos errores que tus padres cometieron contigo...

Pensar que tu infancia debería haber sido diferente de como fue no sólo es absurdo, sino que también es incorrecto. Del mismo modo que la flor de loto no puede crecer sin lodo, al reconciliarte con tu niño interior tomas consciencia de que la adversidad y el sufrimiento derivados de tu infancia son los que han posibilitado tu crecimiento y florecimiento como adulto. Todo se reduce a tu capacidad para reinterpretar y reescribir tu historia, aprendiendo a separar el grano de la paja. Y esto pasa por comprender que una cosa es lo que sucedió —circunstancias y hechos objetivos— y otra muy distinta, lo que hiciste con ello por medio de tus interpretaciones subjetivas. Estar en paz y agradecido con tu pasado te permite estar a gusto y ser feliz en tu presente, mirando al futuro con confianza y optimismo.

Nunca es tarde para tener una infancia feliz.

MILTON ERICKSON

21. El fin del papelón social

Elmundoestállenodesociodependientesquesenecesitanunos a otros para matar el aburrimiento que les produce llevar una existencia vacía y sin sentido. Son tan adictos a la nicotina social que en ningún momento se cuestionan el porqué de su constante interacción con más gente. Están tan desconectados de sí mismos que no tienen ninguna alternativa mejor.

Movidos por su miedo a perderse algo (FOMO), van de cena en cena y de barbacoa en barbacoa sin ir realmente a ninguna parte y sin conectar verdaderamente con nadie. Y debido a su miedo a la intimidad, claramente valoran más la cantidad que la calidad. El lema que rige su vida social es «cuantos más seamos, más reiremos». De ahí que en este tipo de encuentros abunden los bodriólogos, así como las charlas banales e intrascendentes.

Pues bien. Un claro síntoma de que te estás desintoxicando socialmente es que cada vez te da más pereza acudir a este tipo de eventos. Y es que cuanto más te gusta estar a solas contigo mismo, menos necesitas sociabilizar con los demás. Especialmente con grupos de más de cinco personas. Al conquistar la solitud —y, por ende, tu libertad interior— dejas de quedar con otros por necesidad y solamente lo haces porque realmente te motiva. Es entonces cuando te das cuenta de que no tienes que hacer nada por obligación. Por el contrario, descubres que eres libre para hacer solamente aquellas cosas que verdaderamente te ilusionan.

El precio de la libertad

En tu camino hacia la madurez espiritual llega un momento glorioso en el que —por una cuestión de amor propio— te das de baja del «papelón social». Es decir, de «toda aquella actividad social forzada por factores externos a los que te ves abocado, pero que en realidad no te apetece porque no te aporta nada y disfrutas muy poco». Principalmente porque te fuerza a desempeñar un *papel* para cumplir expectativas ajenas y quedar bien a los ojos de los demás.

En última instancia, al único al que has de rendir cuentas es a ti mismo. Y, como mucho, a tu pareja. Quien te ame de verdad te querrá libre, incluso de sus propios deseos y expectativas. Otra cosa es que desde tu libertad interior decidas acudir a algún encuentro social que no sea de tu agrado por amor a ella o a otro de los invitados. Aunque pueda parecer lo mismo, la diferencia es abismal. No tiene nada que ver ir a un sitio por decisión propia que por imposición ajena, tanto de algún grupo en general como de alguien en particular.

Sea como fuere, poner fin al papelón social es muy liberador, pero te lleva a pagar un elevado precio: la condena y el rechazo de aquellos que potencialmente se sienten ofendidos por tu ausencia. Cada vez que digas «no» a algún plan te tacharán de egoísta por preferir estar contigo que con ellos. Irónicamente, sus juicios ponen de manifiesto que ellos mismos se sienten obligados a fichar. Si no, ¿por qué diablos te critican? Tu libertad les hace de espejo de su esclavitud. Dado que no saben ser libres te quieren esclavo a ti también.

Soltar viejas amistades

La inmensa mayoría de los seres humanos no hace las cosas porque *quiera* hacerlas, sino porque cree que *debe* hacerlas. Y ni se plantea la posibilidad de no llevarlas a cabo. «Es lo que toca», piensa con resignación. La presión social es tan fuerte y la represión individual está tan extendida que pobre de ti como se te ocurra no cumplir con las normas, las convenciones y los protocolos sociales tan profundamente arraigados en tu entorno. Sin ir más lejos, ¿a cuántas bodas has ido por compromiso? ¿Cuántas cenas de cumpleaños te hubieras saltado si hubieras sido honesto contigo mismo y con tus amigos? ¿Y quién es el valiente que se atreve a decir en el chat familiar que este año no irá a la próxima cena de Navidad?

El papelón social no sólo se aplica a eventos multitudinarios, sino que también se produce con amigos con los que quedas de manera individual. De pronto llega un día en el que sientes que —desde hace demasiado tiempo— ya no conectas como antes. Sea por el motivo que sea, ya no sientes química ni tienes complicidad con esa persona. Y poco a poco te vas distanciando emocionalmente, hasta el punto de que la única razón por la que sigues quedando es para evitar las desagradables consecuencias de no hacerlo. De hecho, cada vez que te planteas la posibilidad de poner un punto y aparte a vuestra amistad enseguida te invade la culpa. De ahí que, en vez de abordarlo directamente con sinceridad, madurez y naturalidad, lo más común sea dejar que dicha relación *muera* por inanición, sin llegar nunca a conversar sobre ello...

El rasgo más distintivo de las personas que están verdaderamente a gusto consigo mismas es que viven y dejan vivir. No en vano, sienten un profundo respeto por la libertad de los demás. Por más que lo intentes y te esfuerces, es imposible caerle bien a todo el mundo. Y es igualmente imposible lo contrario. Lo maravilloso del asunto es que no pasa nada. Está todo bien. Que fluyes con alguien, genial. Que no, genial también. La conquista de la solitud te lleva irremediablemente a valorar infinitamente más la calidad que la cantidad. Lo importante no es cuántas relaciones tienes, sino cuán significativas son. De ahí que cuando te desintoxicas socialmente el nuevo lema que rige tu vida social sea «cuantos menos seamos, más conectaremos».

Nada te ata excepto tus pensamientos.

Nada te limita excepto tu miedo.

Nada te controla excepto tus creencias.

MARIANNE WILLIAMSON

VI

El síndrome de abstinencia

Dos recién nacidas gemelas fueron trasladadas a un orfanato nada más nacer. Aquel centro era un lugar inhóspito y desangelado. Estaba regentado por un grupo de monjas muy desconectadas de sí mismas. En aquel sitio no había lugar para el amor, el cariño ni la ternura. Nadie abrazaba nunca a nadie. Era un desierto afectivo. Afortunadamente, la gran mayoría de niños terminaban siendo adoptados. Sin embargo, las gemelas no tuvieron tanta suerte. Pasaron el resto de su infancia en aquel orfanato. Como consecuencia, crecieron con una sensación de soledad, abandono y falta de amor gigantesca.

Al entrar en la adolescencia estaban llenas de inseguridades, complejos y carencias. Y debido a su falta de autoestima ambas se sentían inmensamente tristes. Cuando cumplieron quince años, las monjas decidieron darle a cada una su propia celda para que pudieran tener más privacidad e intimidad. A partir de entonces, apenas tuvieron contacto con ellas, pues estaban demasiado atareadas encargándose de la gestión del orfanato. Fue entonces cuando ambas jóvenes empezaron a desmoronarse. La ansiedad y la angustia que sentían en el pecho, eran insoportables...

Una de ellas empezó a hacer todo lo posible para evitar estar a solas consigo misma. Se ofrecía constantemente a las monjas para ayudarlas en lo que fuera. A su vez, mendigaba amor en secreto a los pequeños huérfanos con los que se relacionaba. No se separaba de ellos ni un solo instante. Se pasaba los días rodeada de otras personas. Todo con tal de huir del dolor. Y por las noches empezó a tomar potentes somníferos para relajar su tormento interior y poder así conciliar el sueño. Sin embargo, nada de lo que hiciera era suficiente para llenar su vacío interior. Su necesidad afectiva se mantuvo permanentemente insatisfecha.

Odio y resentimiento

Y así fue durante el resto de su existencia. Rota por dentro, al entrar en la adultez tuvo muchas relaciones con hombres que no la querían. Algunos incluso la maltrataron física y psicológicamente. Con todos ellos establecía vínculos tóxicos viciados por el apego y la dependencia emocional. Y siempre la terminaban abandonando... En lo más profundo de su corazón se sentía muy desgraciada por lo injusta que había sido la vida con ella. Se fue a la tumba con mucho odio y resentimiento, culpando a sus padres y al orfanato de todas sus miserias.

La otra siguió un camino diferente. En un momento dado tuvo una revelación. Se dio cuenta de que en aquel centro el amor brillaba por su ausencia. De ahí que para suplir su falta de cariño no le quedara más remedio que aprender a amarse a sí misma. Sólo así podría dar amor a los demás. Intuía que curarse pasaba por tomar responsabilidad del rol que estaba jugando en su propio sufrimiento. A su vez, entendió que para dejar de sentirse tan sola tenía que encontrar la manera de hacerse compañía. Fue así como decidió ir a la biblioteca en busca de libros que le explicaran cómo hacer eso.

Lo cierto es que pasó por una etapa muy deprimente y sombría, asolada por muchas penurias emocionales. Lloraba en silencio desconsoladamente casi todos los días. Sin embargo, supo atravesar su noche oscura del alma, conectando con su espíritu de superación. Y tras mucho trabajo interior, finalmente descubrió la manera de sanar sus heridas y convertirse en su mejor amiga. Este hito cambió para siempre su existencia. Durante su etapa adulta se casó y formó una familia, manteniendo relaciones sanas basadas en el respeto, la libertad y el amor. Y se murió en paz y agradecida, especialmente con el orfanato en el que se crio, pues fue precisamente en una celda solitaria donde encontró el secreto para llevar una buena vida: el amor propio.[56]

22. Cómo lidiar con el «mono»

Existe una creencia popular según la cual necesitas de mucha fuerza de voluntad para liberarte de la adicción a cualquier droga. Sin embargo, esta afirmación no es del todo cierta. Y mucho menos en el caso de la nicotina social. Como sociodependiente, si fuerzas evitar la interacción con otras personas seguramente acabes deprimido por sentirlo como una privación autoimpuesta. Además, actuando así también perpetúas la creencia de que te estás perdiendo algo, provocando que tu FOMO sea cada vez más grande. Y como consecuencia, lo más probable es que generes el efecto contrario: que disfrutes todavía menos de tus momentos de solitud, reforzando la creencia de que la verdadera dicha solamente la proporcionan las relaciones con los demás.

Piénsalo bien. ¿Cómo vas a necesitar de la fuerza de voluntad para hacer algo que es inherentemente bueno para ti? No hace ninguna falta. Simplemente has de comprender los perjuicios que te causa tu adicción a la nicotina social, así como los beneficios que te estás perdiendo al seguir enganchado a esta droga. La mejor forma para desintoxicarte socialmente consiste en reprogramar y limpiar tu subconsciente, liberándote de una vez por todas de las creencias limitantes que te llevaron a volverte adicto a las relaciones humanas en un primer momento.

Y esto pasa por dejar de autoengañarte, asumiendo que tu soledad no se cura rodeándote de gente, sino aprendiendo a hacerte compañía a ti mismo. Y es aquí donde sí entra en juego tu voluntad. La has de utilizar para crear nuevos hábitos que te permitan gozar de la solitud. Éstos irán poco a poco sustituyendo aquellas conductas sociales que llevabas a cabo para no sentirte solo y que ahora te has dado cuenta de que en realidad no te aportan nada.

REACTIVAR EL SUMINISTRO AFECTIVO INTERNO

Eso sí, mientras realizas esta transición mentalízate de que para trascender la nicotina social vas a tener que atravesar conscientemente «el síndrome de abstinencia», más conocido como «mono». Se trata del conjunto de desagradables reacciones físicas y psicológicas —lideradas por la ansiedad extrema— que padeces cuando dejas de suministrarte *aquello* a lo que te has vuelto adicto, ya sean sustancias, actividades o personas. En el caso de la sociodependencia el mono deviene cuando evitas cualquier tipo de interacción social —tanto analógica como online—, quedándote a solas contigo mismo. Es entonces cuando empiezas a sentir una insoportable sensación de abandono y soledad.

Al no haber sabido amarte a ti mismo, el único suministro que has conocido para llenar tu depósito de autoestima depende de una fuente externa: los demás. De ahí que seas un yonqui de la compañía ajena. Ésta es la razón por la que al quedarte a solas sientes que te falta el amor que necesitas para vivir. Es entonces cuando te invade el mono, el cual te lleva a necesitar un nuevo chute de nicotina social. Especialmente cuando estás más bajo de energía y de moral. De pronto se apodera de ti una imperiosa necesidad afectiva, la cual te hace creer que dependes de otro ser humano para sentirte bien y a gusto contigo mismo. En vez de emplear tus recursos propios para subir tu estado de ánimo, buscas que sean otros los que te hagan sentir mejor.[57]

El síndrome de abstinencia es tan desagradable que te convierte en una piltrafa humana, llevándote a adoptar conductas totalmente infantiles y patológicas. Esencialmente porque bajo su embrujo estás convencido de que no tienes ningún valor por ti mismo, sino que tu valía te la da la gente con la que te relacionas. Especialmente tus seres queridos. Y por encima de todos ellos tu pareja, en caso de tenerla. Cada vez que te invade la soledad, date cuenta de cómo recurres sistemática e inconscientemente al suministro externo en lugar del interno, volviéndote cada vez más dependiente y adicto del primero. La única forma de revertir esta situación es aprovechar el mono como lo que es: una maravillosa oportunidad para reactivar el suministro afectivo que procede de dentro. Sólo así encontrarás finalmente un sano equilibrio entre ambos.[58]

ABRAZAR EL DOLOR

Eso sí, déjame advertirte que lidiar con el mono que produce la abstinencia de la nicotina social es una de las experiencias más duras y confrontantes de la vida. Y sin duda alguna, también una de las más transformadoras. En algunos momentos, el nivel de vacío y desesperación que llegas a sentir es realmente abrumador y apabullante. De hecho, es completamente normal que mientras llevas a cabo este proceso de desintoxicación social creas que eres un poco masoquista por ponerte en semejante situación. Sin embargo, afrontar tus demonios internos de forma voluntaria es un acto que denota honestidad, valentía y madurez. Y dado que se trata de una experiencia nueva para ti, al principio seguramente no sepas muy bien cómo proceder. Lo cierto es que no tienes que *hacer* nada. Simplemente *ser* y *estar*.

Mi recomendación es que vayas a un entorno natural y te pongas cómodo. Y una vez a solas, cierres los ojos, mires hacia dentro y respires hondamente. En cuestión de minutos —a veces incluso de segundos— empezarás a sentirte apenado. E incluso angustiado. Notarás cómo se calienta tu plexo solar. Y ya te adelanto que tu primera pulsión será huir de ahí como un cobarde. Pero no lo hagas. Permanece quieto y atento. Lo que sientes es dolor reprimido emergiendo desde tus profundidades. No trates de entenderlo. No es una cuestión racional, sino sentimental. Recuerda que es tu niño (o niña) interior expresándose. Y lo único que te pide es que estés presente y que sostengas sus emociones. Es decir, lo que sentiste durante tu infancia en relación con tus padres y que has venido guardando dentro desde entonces... Nada más y nada menos.

Y no lo veas como una opción, sino como una necesidad. A menos que quieras pasar por la vida de puntillas —dependiente de parches externos— tarde o temprano has de afrontar tu miedo a la soledad. Y es que es imposible que seas del todo libre, consciente y feliz hasta que tu herida de abandono haya sido curada y aceptes plenamente tu solitud. Por otro lado, la ansiedad, la tristeza y la angustia que sientes cuando te quedas a solas —en silencio y sin estímulos de ningún tipo— no se van a ir a ninguna parte. Te van a acompañar siempre como una sombra, vayas donde vayas. De ahí la importancia de atreverte a dar espacio a estas emociones y recibirlas con amor. Al sentirlas con plena consciencia, con el tiempo se diluirán y evaporarán. Y llegará un día en el que las habrás eliminado de tu organismo, completando tu proceso de desintoxicación social.

El síndrome de abstinencia no es otra cosa que sentir el agujero negro que hay en tu corazón por haberte abandonado durante tanto tiempo. Y superarlo pasa por quedarte el tiempo que haga falta en ese espacio oscuro y aterrador, acogiendo con aceptación cualquier emoción que brote desde tu interior. Has de abrazar tu dolor como si abrazaras a un niño herido que llora desconsoladamente. Y por muy desgarrador que sea, es fundamental que comprendas que se trata del momento más relevante y trascendente de tu existencia. No olvides que la auténtica batalla se libra en tu interior. No te queda otra que ponerte pinturas de guerra en la cara y afrontarla cual guerrero espiritual.

Nunca sabes lo fuerte que eres hasta que
ser fuerte es la única opción que tienes.

BOB MARLEY

23. Minimalismo digital

El uso que haces de tu teléfono móvil *inteligente* es directamente proporcional a lo solo y aburrido que te sientes cuando estás contigo mismo. Cuanto mayor es tu desconexión interior, más lo miras. Y si eres como la mayoría lo consultas más de doscientas veces al día, pasándote una media de unas cuatro horas pegado a la pantallita.[59] Puedes comprobarlo ahora mismo viendo el «tiempo de uso» que aparece en «ajustes». Este exceso pone de manifiesto que tu realidad analógica te parece poco interesante y estimulante. De ahí que recurras al mundo virtual en busca de un nuevo chute de «dopamina». Es decir, gratificación fácil, inmediata y de poca calidad para tapar tu vacío interior.

No sé si eres consciente, pero es bastante probable que seas adicto a las pantallas en general y un yonqui del móvil en particular. Junto con el azúcar refinado, esta droga es la más común de nuestra era. Te has acostumbrado a ir por la vida con una bolsa de *cocaína* en el bolsillo, la cual está a tu disposición las veinticuatro horas al día. Y de tanto consumirla, meterte una *rayita* se ha convertido en un hábito mecánico que haces sin darte cuenta: cada vez que te aburres entras en alguna red social. Y cada vez que te sientes solo mandas un WhatsApp. No es algo que hagas libre y voluntariamente. Ni mucho menos. Más bien se produce de manera inconsciente, automática, impulsiva y compulsiva.

Gracias a las nuevas tecnologías puedes socializar desde lejos. Quién sabe, tal vez lo hagas porque igual no te gusta tanto hacerlo desde cerca... La paradoja es que si bien parece que estás más cerca que nunca del resto de seres humanos, este tipo de pseudoconexión digital no te aporta una conexión profunda ni verdadera. De ahí que el hiperdesarrollo tecnológico sea una de las principales causas de que en el mundo cada vez haya más aislamiento y soledad. Por más que te vendan que estás cada día más conectado, lo que en realidad estás es más enchufado, que no es lo mismo. Es cierto que gozas de más cantidad de *relaciones*. Sin embargo, éstas no son reales, sino virtuales. No importa lo intensa que sea tu vida social a través de internet, pues jamás podrá sustituir el contacto y la conexión interpersonales íntimos que sí producen los encuentros físicos y analógicos.

El asunto es que pasar tantas horas mirando a una pantalla genera «fatiga digital»: te cansa físicamente y te embota mentalmente, drenando tu energía vital. Y dicho agotamiento te va desconectando poco a poco de ti mismo. De hecho, provoca que te identifiques todavía más con la mente y el ego, aumentando tu nivel de neurosis. Es entonces cuando entras en un círculo vicioso: cuanto más miras el móvil, peor te sientes contigo mismo y más necesitas seguir mirándolo para huir y evadirte de tu malestar. Y llega un punto en que, en vez de utilizar tú la tecnología, ésta te utiliza a ti.

Aprender a ponderar

Por todo ello, si de verdad estás motivado con desintoxicarte socialmente y conquistar la solitud es imprescindible que practiques el «minimalismo digital».[60] Se trata de una filosofía que te invita a ser consciente de por qué y para qué usas la tecnología, limitando voluntariamente el tiempo que pasas delante de una pantalla. A su vez, te lleva a priorizar el bienestar a largo plazo en detrimento de la satisfacción a corto plazo. No en vano, cuando empleas los diferentes dispositivos tecnológicos de manera inconsciente tan sólo te quedas con los beneficios que te aportan de forma instantánea. Pero no piensas en los costes, perjuicios o daños que te están acarreando.

Para revertir esta situación, es fundamental que empieces a analizar lo que te dan las pantallas *versus* lo que te quitan. Y para lograrlo, has de dedicar tiempo a ponderar, siendo consciente del valor de aquello a lo que estás renunciando por pasar tanto rato mirando a través de una pantalla. Al ver con claridad los pros y los contras de cualquier decisión que tomas, te das cuenta de que cada vez que ganas algo también pierdes algo. Y viceversa. Es lo que se conoce como «análisis coste-beneficio». Como consecuencia, empiezas a eliminar conscientemente aquellos hábitos digitales que descubres que no son tan valiosos para ti. ¿Qué te suma consumir un determinado contenido digital? ¿Y qué te resta? Solo tú puedes saberlo.

Ten en cuenta que la mayoría de redes sociales y aplicaciones tecnológicas no son tan inocentes como te las presentan. Muchas de ellas no son herramientas neutras, sino que son inherentemente adictivas. El uso compulsivo no sólo es fruto de tu necesidad de huida, sino que también se debe a un elaborado y lucrativo *business plan* diseñado por los genios informáticos que hay detrás de las grandes corporaciones tecnológicas. Han conseguido que chequear los likes sea el nuevo tabaco. No en vano, su principal objetivo es que pases el mayor tiempo posible de tu vida delante de una pantalla, suministrándote dosis de dopamina diarias para que te mantengas enganchado al móvil.[61]

Así es como este dispositivo se ha convertido en tu gran «parche antisoledad». Eso sí, ten en cuenta que la búsqueda de placer inmediato conduce siempre al dolor. Y que la negación de éste lleva siempre al sufrimiento. De ahí que la sabiduría consista en no apegarse al placer ni tampoco huir del dolor. En este sentido, apagar más a menudo el móvil forma parte de tu proceso de desintoxicación social. Es imprescindible para poder transitar el síndrome de abstinencia. Evidentemente, al principio vas a vivirlo como una pérdida, resultándote una práctica tediosa y desagradable. Sin embargo, con el tiempo te reporta una ganancia que hace mucho que has olvidado: redescubrir la manera de encender ese interruptor interior invisible llamado «conexión».

El móvil es la heroína del siglo XXI.

MARC MASIP

24. La función de la tristeza

Uno de los indicadores de que te estás permitiendo pasar cada vez más tiempo de calidad a solas contigo mismo es la aparición de la tristeza y la melancolía. Especialmente durante los primeros pasos de este recorrido hacia ti mismo. De pronto sientes que te falta algo (o alguien) para sentirte completo. Puede que eches de menos la compañía ajena en general o la presencia de alguien en particular. Y debido a tu condicionamiento, estás convencido de que esa ausencia es lo que te pone triste. Y no es para menos. Te has pasado la vida proyectando el anhelo de conexión fuera, en el otro.

De ahí que tu primera reacción sea llamar a alguien o mandar un WhatsApp para sentir que no estás solo.

Nuevamente, no lo hagas. Cada vez que conectes con la tristeza pon el móvil en «modo avión». Y abstente de comer azúcar refinado —en forma de chocolate, bollería industrial, chucherías o helado— para paliar tu sensación de abandono y falta de amor... No te pierdas la maravillosa oportunidad de sanación que te brinda esta emoción. Tu desintoxicación social pasa por trascender cualquier parche antisoledad. Recuerda que el ego va a seguir empleando todo tipo de engaños y trampas para que vuelvas a recaer, manteniéndote adicto a la nicotina social. No en vano, la supervivencia de este parásito psíquico depende de que sigas viviendo enajenado de ti, muy lejos de tu auténtica esencia.

Puede que un amigo haya puesto fin a vuestra amistad. Que tu pareja te haya dejado. O incluso que se te haya muerto un ser querido. El ego siempre te va a hacer creer que tu pena y tu desdicha se deben a la ausencia de esa persona en tu vida. Pero no es del todo cierto. Gran parte del dolor que sientes no tiene nada que ver con la persona que se ha ido. Si miras con honestidad dentro de ti descubrirás que a quien verdaderamente extrañas es a ti mismo. Tu tristeza no tiene tanto que ver con la relación que has perdido, sino con haberte perdido tú en esa relación. Frente a cualquier pérdida afectiva, tu nivel de sufrimiento es directamente proporcional al grado de apego y dependencia emocional que mantenías con aquella persona en cuestión. Casi nunca lloras por el otro. Siempre lloras por ti.

LLORAR CONSCIENTEMENTE

La próxima vez que venga a visitarte la tristeza acógela con los brazos abiertos. Y métete de lleno en esta emoción, sintiéndola como nunca antes te has atrevido a sentirla. Ni se te ocurra reprimirla. Por el contrario, permite que te atraviese como una espada. A partir de ahí, si sientes la necesidad de llorar hazlo de forma consciente. Evita distorsionar estos momentos por medio de dramas egocéntricos y victimistas. Lleva a cabo tu llanto con madurez y atención plena, estando genuinamente presente mientras sollozas. Superar el síndrome de abstinencia pasa —en gran parte— por aprender a consolarte a ti mismo, descubriendo que puedes experimentar tristeza sin sufrimiento.

No importa cuál haya sido el detonante de esta emoción. Lo importante es que te lleva hacia dentro, conectándote con el dolor que anida en tus profundidades para sacarlo de tu organismo por medio de lágrimas. La función de la tristeza es quitar la maleza que te separa de tu verdadero ser. Después de pegarte una buena llorera es muy común que te quedes vacío. Y, sin embargo, que al mismo tiempo te inunde una sensación de paz por sentirte mucho más conectado contigo mismo.

Llorar conscientemente —estando verdaderamente presente mientras sientes el dolor— es la mejor terapia que existe para sanar a tu niño interior. Es decir, para curar las heridas y los traumas originados durante tu infancia.[62] Es fundamental que afrontes emociones dolorosas de tu pasado volviéndolas a padecer en la edad adulta de forma consciente. Sólo así podrás sanarlas, integrarlas y trascenderlas. En caso contrario, éstas mutan de forma psicosomática, convirtiéndose en actos autodestructivos y comportamientos nocivos, los cuales pueden conducirte a la enfermedad mental, la depresión o el suicidio.[63]

El llanto es el instrumento que te ha dado la vida para limpiarte de todas las toxinas emocionales que vas acumulando. Y prepárate, porque una vez que limpias tus cañerías de toda la porquería que las estaban obstruyendo, llorar se convierte en algo tan natural como respirar. Ya te avanzo que, dependiendo de cómo fue la relación con tus padres, puede que acabes llenando una piscina olímpica con tus lágrimas... En la medida en que purgues y purifiques tu dolor, poco a poco irás recuperando el don de la sensibilidad, emocionándote por cosas que antes te pasaban desapercibidas o dabas por sentado. No lo dejes para mañana, si puedes empieza a llorar hoy. Tu salud emocional te lo agradecerá.

Cuando uno llora, nunca llora por lo que llora, sino por todas las cosas por las que no lloró en su debido momento.

MARIO BENEDETTI

25. Conviértete en tu mejor amigo

Como cualquier otro aprendizaje vital, la maestría se adquiere a base de práctica y entrenamiento. Disfrutar de tu propia compañía es algo que sucede de forma gradual, paso a paso. De hecho, cuanto más tiempo pasas a solas, más te apetece estar contigo mismo. Al cultivar tu mundo interior tu actitud hacia la solitud va cambiando. Y tus creencias se van reprogramando, dándote cuenta de que la calidad de la relación que mantienes contigo determina —en gran parte— tu salud, bienestar y felicidad.[64]

En la medida en la que te haces amigo tuyo la sensación de soledad va desapareciendo, hasta que al final llega un día en el que superas definitivamente el síndrome de abstinencia. Y como consecuencia te liberas para siempre de la adicción a la nicotina social, completando así tu proceso de desintoxicación. A partir de entonces te relacionas con los demás porque quieres, no porque lo necesites.

Y, entonces, ¿cómo se hace uno amigo de uno mismo? Pues del mismo modo en el que creas amistad con otros seres humanos: dedicándoles tiempo, interesándote genuinamente por ellos y estando ahí cuando te necesitan. Eso es exactamente lo que has de hacer contigo mismo. No hay ninguna diferencia. Bueno sí, una muy importante: que a los amigos íntimos los ves de vez en cuando, mientras que contigo estás los 365 días del año y las 24 horas del día. Si empiezas a hacerte algo más de caso y a conocerte en profundidad, imagina la amistad tan bonita y maravillosa que puedes llegar a establecer contigo. No tiene parangón con ninguna otra.

La mejor manera de empezar esta relación de amor contigo mismo es darte cuenta de que siempre estás solo. Por más decorado y ruido que le agregues a tu vida, siempre estás contigo. Así, lo único que va a cambiar a partir de ahora es que vas a ser más consciente de tu solitud existencial. Y que, en vez de huir de ella de manera reactiva, la vas a buscar de forma proactiva. Para lograrlo has de empezar a verte como lo que en realidad eres, si bien todavía no te lo acabas de creer: tu mejor amigo. Y seguidamente empezar a hacer los mismos planes y actividades que harías con él.

PÁSATELO BIEN SOLO

Como en cualquier otra relación de amistad, la idea es que vayas de menos a más. Puedes empezar por ir a tomar algo a un bar. Al estar solo rodeado de otras personas tu sensación de soledad menguará. Lo mismo te sucederá cuando vayas al cine solo. O a pasear solo por un parque urbano. Lamentablemente, lo normal es que las primeras veces te sientas raro. Dado que el inconsciente colectivo de la sociedad está colonizado por la sociodependencia, llevar actividades de forma solitaria no sólo es contracultural, sino que implica ir a contracorriente.

Sea como fuere, el principal problema que te encuentras cuando decides pasar tiempo solo es que al principio no sabes muy bien quién ser ni qué hacer. Más que nada porque no estás acostumbrado a estar a solas de forma voluntaria. De ahí que este tipo de ignorancia sea simplemente el punto de partida. Pero no desistas. Enseguida aparece ante ti una hoja en blanco repleta de infinitas posibilidades. Tantas que puede que incluso te abrume. La pregunta fundamental que has de saberte contestar es: «¿a qué quiero dedicar mi vida?». La respuesta no puede ser más simple: a aquello que te guste, interese, motive, divierta, cautive, ilusione, llene, fascine, encienda, apasione... Y en definitiva, a lo que te cause dicha, tenga sentido para ti y te haga sentir verdaderamente vivo.

Para descubrirlo, no te queda otra que sacarle el polvo a tu infrautilizada curiosidad, empleando la metodología existencial más milenaria de la historia: la de «prueba y error». Para saber si algo tiene que ver contigo has de experimentarlo. A su vez, estate muy atento a lo que sientes en tu interior cada vez que entres en contacto con nuevos ámbitos, pues te darás cuenta de que algunos resuenan contigo más que otros. El hecho de que te llame la atención una actividad en concreto te da información acerca de tu verdadera esencia. No a todo el mundo le interesa lo mismo. A cada uno le motivan cosas diferentes.

Leer. Escribir. Hacer ejercicio físico. Meditar. Relajarte. Darte un masaje. Hacer senderismo. Practicar deporte. Cocinar. Montar en bici. Nadar. Cultivar algún hobby. Crear arte.

Visitar un museo. Ir al teatro. Bailar. Disfrutar de la gastrono-
mía. Invertir en alguna formación. Viajar. Descubrir otra cultura. Aprender un idioma. Emprender un proyecto. Plantearte
un objetivo a medio y largo plazo. No importa lo que hagas. Lo
importante es que te nazca de dentro. Y que lo lleves a cabo
solo, en compañía de ti mismo. A partir de ahí es una simple
cuestión de tiempo que acabes descubriendo *eso* que te permita disfrutar de tu solitud. Y este descubrimiento cambiará
para siempre el resto de tu vida.

Se tarda mucho en aprender a tocar como uno mismo.

MILES DAVIS

VII

¿Para qué sirve estar solo?

Había una vez una mujer que vivía atormentada por los demonios de su pasado. Tenía muy buen corazón, pero estaba rota por dentro. Un buen día conoció a un hombre pacífico y bonachón, con quien se casó y tuvo tres hijos de carácter también tranquilo y relajado. A pesar de que la vida le sonreía, con el tiempo se convirtió en una adulta neurótica e infeliz. Principalmente porque nada nunca le parecía suficientemente perfecto. Era muy severa consigo misma y muy exigente con su familia. Todo le molestaba y se enfadaba con mucha facilitad.

La mujer sufría muchísimo, pues se daba cuenta del daño que estaba causando a sus seres queridos. Sin embargo, era incapaz de gestionar sus emociones y de controlar sus ataques de ira. No sabía cómo conectar con sus sentimientos. Y estaba tan bloqueada que no podía llorar. Lo cierto es que probó de todo. Fue a diferentes psicoterapeutas y tomó antidepresivos durante algún tiempo. También leyó unos cuantos libros de autoayuda e hizo varios cursos de crecimiento personal. Pero nada parecía funcionarle. Desesperada, finalmente optó por una medida mucho más radical: hacer un retiro de solitud durante cuarenta días.

Si bien la idea les pareció extraña al principio, su marido y sus hijos —que ya eran adolescentes— la apoyaron en todo momento. Así fue como la mujer se fue a una pequeña cabaña perdida en medio de las montañas, con agua y víveres suficientes para subsistir durante todo aquel tiempo. En aquel lugar no había nadie a más de cinco kilómetros a la redonda. Tampoco tenía internet ni ninguna pantalla con la que evadirse. Tan solo una cama, una pequeña cocina, una chimenea y un baño. Lo justo y necesario para mantenerse con vida.

Emociones dolorosas

Nada más despedirse de su familia apagó el móvil, compro-
metiéndose a no encenderlo hasta que pusiera fin a aquella
experiencia... Los primeros diez días fueron horribles. Dado
que no podía huir de sí misma, empezaron a aflorar todas
las dolorosas emociones que había enterrado en el só-
tano de su alma. Rabia. Culpa. Ansiedad. Rencor. Miedo. Tris-
teza... Le costaba dormir por las noches. Tenía pesadi-
llas espantosas. Y se levantaba con el cuerpo empapado
de sudor. De pronto, un buen día algo le hizo clic. A partir de
entonces se pasó los días y las noches llorando, hasta que
se quedaba dormida.

Hacia la mitad de su retiro voluntario, poco a poco su esta-
do de ánimo se fue estabilizando. Se sentía algo más calmada.
Y cada día seguía una misma rutina. Por las mañanas se baña-
ba en un estanque de agua fría. Seguidamente daba un paseo
por el bosque para recoger leña. Luego se sentaba encima de
una roca, desde la que se pasaba horas contemplando unas
vistas espectaculares. También meditaba y hacía algo de ejer-
cicio físico. Y escribía unas páginas en su diario. Descansaba
un rato y se preparaba la comida. Más tarde hacía la siesta.
Y por las tardes veía la puesta de sol mientras reflexionaba lar-

go y tendido sobre su vida, repasando acontecimientos trau-
máticos de su pasado. Antes de acostarse encendía un fuego
y leía hasta que se quedaba dormida.

A lo largo de aquellos cuarenta días vivió todo tipo de
experiencias, algunas de ellas tremendamente confrontantes y dolorosas. Derramó muchas lágrimas. Y se dio cuenta
de muchas cosas. El último día se despidió de aquella cabaña, haciéndole una reverencia en señal de respeto y agradecimiento por todo lo que le había mostrado acerca de
ella. Aquella mujer nunca volvió a ser la misma. Al regresar
a su hogar, les pidió perdón a su marido y a sus tres hijos,
con quienes se fundió en un cálido abrazo. Y cuando le pre-
guntaron qué es lo que había descubierto, no lo dudó ni por
un instante. Simplemente les respondió: «La mejor terapia
del mundo consiste en sentarse a solas con uno mismo, en
silencio y haciendo nada. Es entonces cuando se produce
la curación».[65]

26. Retiros de solitud

Cuanto más conectado estás con tu esencia, más necesitas
de la solitud para mantener viva dicha conexión. Estar a so-

las contigo mismo se convierte entonces en un deseo y en una necesidad. Esencialmente porque es el *lugar* donde más a gusto estás y donde más en paz te sientes. De hecho, el denominador común de todos aquellos que se han encontrado a sí mismos es que de tanto en tanto realizan un «retiro de solitud». Y lo llevan a cabo por dos razones principales: para recobrar el equilibrio cada vez que sienten que lo han perdido y para tomar perspectiva, regalándose un espacio de tranquilidad y un tiempo de calidad para reflexionar sobre el rumbo que está tomando su vida.

Pero ¿en qué consiste exactamente este tipo de retiros? En esencia, se trata de ir a algún lugar donde poder retirarte de la sociedad temporalmente para poder reencontrarte contigo mismo. La idea es que puedas alejarte por unos días, semanas o meses del mundanal ruido, de manera que te centres en atender y escuchar lo que sucede en tu interior. Es decir, desenchufarte de la *Matrix* para reconectar con tu corazón. No importa tanto si vas a un centro de retiros en la India, un hotel rural o una cabaña en medio del bosque. Vayas donde vayas, lo importante es que minimices al máximo la interacción social, hasta el punto de que —en la medida de lo posible— no interactúes con nadie. De este modo no te queda más remedio que relacionarte contigo.

A la hora de hacer un retiro de solitud también es fundamental que te comprometas a practicar el minimalismo digital, prescindiendo todo lo que puedas del uso de dispositivos
electrónicos, como el móvil, el ordenador o la televisión. Más
que nada porque, si éstos están disponibles y a tu alcance,
la tentación de evadirte es demasiado grande. Y obviamente,
tampoco navegues por internet. Ni tengas acceso a los me-
dios de comunicación masivos. Al fin y al cabo, el objetivo de
esta reclusión voluntaria es que te aísles de todo y de todos
para poder ir hacia dentro y llevar a cabo un profundo proceso de introspección.

EL ABURRIMIENTO FÉRTIL

Otro requisito básico es que te mantengas sobrio durante todo tu retiro, evitando el consumo de azúcar refinado,
tabaco, alcohol y ninguna otra droga. De lo contrario es
hacerte trampas al solitario. No en vano, la sobriedad posibilita que afloren aquellas emociones que tiendes a tapar y
reprimir mediante este tipo de adicciones, pudiendo así ser
mucho más consciente de lo que llevas dentro. Tu mayor
reto consiste en observar, aceptar, sostener y abrazar todo

aquel contenido psíquico que vaya emergiendo dentro de ti, ya sean sentimientos o pensamientos. De hecho, ser testigo omnisciente de tu locura psicológica —porque todos estamos un poco locos— es una auténtica cura de humildad. Se te quitan de golpe y porrazo las ganas de juzgar a los demás.

A partir de ahí, un retiro de solitud suele estar protagonizado por el «aburrimiento fértil». Dado que en general estás tan desconectado de ti mismo, al principio te sientes muy aburrido, sumergiéndote de lleno en el vacío existencial. En muchos momentos te sorprendes porque no puedes evitar hablar en voz alta contigo mismo... Y al no tener nada con lo que narcotizarte, de forma natural comienzas a reflexionar sobre tu existencia. De alguna manera, te vuelves mucho más filosófico y trascendental. Y se despierta en ti la necesidad de buscar la verdad acerca de quién eres y de cuál es el sentido y el propósito de tu vida. Y dicha búsqueda te lleva inevitablemente a cuestionar el sistema de creencias con el que fuiste condicionado por tu entorno social y familiar. Y, por ende, tu actual manera de pensar y de vivir.

A su vez, durante el transcurso de los días —y a pesar de que el decorado es completamente diferente— vas vivenciando los mismos estados de ánimo, sentimientos y emociones que suelen visitarte cuando estás en sociedad. En muchas

183

ocasiones te invaden pensamientos negativos sobre cuestiones que ya han pasado —o que todavía no han ocurrido— y que nada tienen que ver con la realidad que está aconteciendo en tu momento presente. Y como consecuencia, te perturbas a ti mismo, experimentando ciertas dosis de malestar y sufrimiento. Pero al estar a solas, enseguida comprendes que no hay ningún enemigo externo a quien culpar, verificando que el victimismo es una actitud absurda e infantil. Y que en última instancia todo —absolutamente todo— se reduce a la relación que estableces con tu propia mente, comprendiendo que lo demás es pura proyección.

No existe ninguna hazaña más grande
en el mundo que saber estar con uno mismo.

MICHEL DE MONTAIGNE

27. Los baños de bosque

Seguramente vives en una ciudad, con lo que tu existencia transcurre —en su mayor parte— sobre el asfalto y el hormigón, totalmente alejado y desconectado de la naturaleza. Lo peor del estilo de vida urbano es que el aire que respiras está viciado por la contaminación. Y debido al constante ruido y ajetreo, apenas escuchas el sonido del silencio. Lamentablemente estos factores ambientales artificiales son tóxicos, producen estrés en tu organismo y perjudican tu salud mental, física y espiritual.

Para contrarrestar esta situación, todos los retiros de solitud se llevan a cabo en un entorno natural. No en vano, la naturaleza es el lugar de donde procedes y el sitio ideal para reencontrarte. De hecho, una de las prácticas más habituales son los «baños de bosque».[66] Se trata de pasear y sumergirse en lo profundo de una arboleda, activando tus cinco sentidos para conectar con la «Pachamama» o «Madre Tierra».

Caminar solo, en silencio y de forma consciente por un bosque te da la oportunidad de observar los diferentes tonos de verde de los árboles y contemplar la luz del sol que se filtra entre las ramas. También te permite escuchar el canto de los pájaros, el sonido de los riachuelos y la brisa que mece las hojas. Y mientras paseas le haces un regalo a tus pulmones: respirar el olor a tierra mojada. Además, si encuentras algún fruto comestible puedes saborearlo directamente. Y para que esta experiencia sea todavía más sensorial, puedes poner tus manos sobre la corteza de los árboles o tus pies descalzos sobre la hierba. Actuando de esta manera termina por activarse tu sexto sentido, conectándote con el alma del bosque.[67]

El abrazo de la naturaleza

Está demostrado científicamente que un baño de bosque de dos horas te proporciona un sinfín de beneficios. Para empezar, al tener una concentración de oxígeno mayor el aire está fresco y limpio, lleno de «fitoncidas». Se trata de los aceites naturales que forman parte del sistema de defensa de los árboles, los cuales emplean para protegerse de bacterias, insectos y hongos. De ahí que al respirarlos se estimule tu sistema inmunitario y aumente tu energía vital, provocando que te sientas mucho mejor contigo mismo. Ésta es la razón por la que sueles decir que «el contacto con la naturaleza te recarga las pilas».[68]

Por otro lado, dado que tu ritmo auténtico es el de la naturaleza, mientras caminas por un bosque notas cómo lentamente te vas calmando y relajando, sincronizándote con el tempo del medioambiente que te rodea. Así es como tu sistema nervioso se renueva y resetea. A su vez, tu mente se apacigua. Y sientes mucho más tu cuerpo. El principal efecto es que tu estrés disminuye —reduciendo tus niveles de cortisol— a la par que tu sensación de paz y bienestar aumenta, potenciando tus niveles de serotonina.

Cuanto más tiempo pasas en contacto con la Madre Tierra, más te das cuenta de que no puedes vivir sin ella. Es una necesidad biológica: la «biofilia», que significa «amor por la naturaleza». Esta afinidad innata que sientes por el mundo natural está en tu ADN. Estás programado genéticamente para que te gusten los cuatro elementos naturales (la tierra, el aire, el agua y el fuego), así como todas las maravillosas combinaciones que emanan de ellos. Si bien en la naturaleza no hay wifi, en ella encuentras la mejor conexión de todas: la que te posibilita reencontrarte con tu verdadera esencia.

No hay ningún medicamento que tenga una influencia tan directa sobre la salud como un paseo por un bonito bosque.

DR. QING LI

28. El cultivo de la espiritualidad

No sé si te ha pasado a ti también, pero en la medida en que vas cumpliendo años algo se despierta en ti. Sientes una llamada desde dentro. Y lo trascendente comienza a gozar de mayor relevancia. De hecho, a lo largo de la historia de la humanidad siempre ha habido místicos que se han aislado voluntariamente de la sociedad para acercarse a su dimensión espiritual. No es casualidad que Siddharta Gautama, Buda, se iluminara meditando bajo un árbol. Que Jesús de Nazaret se retirara durante cuarenta días en el desierto antes de iniciar su revolución. O que Sri Ramana Maharshi renunciara al mundo y se fuera a vivir solo a una montaña.

Los retiros de solitud son la puerta de entrada para el cultivo de tu vida interior. Y el contexto idóneo para trabajar el autoconocimiento y la autoindagación, de manera que puedas responder vivencialmente a la pregunta «¿quién soy?». Lo cierto es que nada de lo que digas con palabras acerca de ti puede definir tu auténtica identidad. Conocerte a ti mismo no es un proceso racional, sino más bien un viaje espiritual. De ahí que sea imprescindible que te adentres en el silencio, la meditación y la contemplación. Observar con atención plena la mente, desidentificarte de los pensamientos, respirar conscientemente y vivir en el presente son la forma más directa de ir más allá del ego y reconectar con tu verdadera esencia.

En última instancia, meditar no es más que tener el valor de estar a solas y en silencio contigo mismo, acogiendo y abrazando cualquier pensamiento y emoción que emerja desde dentro. El reto consiste en aprender a observarlos y a no identificarte con ellos. Al principio se trata de una experiencia que te confronta con todos tus miedos y apegos inconscientes. Es bastante habitual sentir aburrimiento, ansiedad, angustia y soledad. Por eso lo normal es que te engañes a ti mismo, autoconvenciéndote de que no tienes tiempo para meditar. Sin embargo, a base de cultivar este estado de consciencia poco a poco vas percibiendo cómo la mente se evapora, los pensamientos se esfuman y las emociones se disipan... Hasta que no queda ni rastro del *yo* ilusorio con el que sueles estar tan identificado. De alguna manera *tú* como meditador desapareces en la meditación.

VACIARSE DE EGO

Si te tomas en serio esta indagación hacia tus profundidades, llega un momento totalmente aterrador y liberador a partes iguales. De pronto notas física y psicológicamente cómo empieza a desvanecerse la máscara que te pusiste inconscientemente para adaptarte a la sociedad. La solitud te lleva a vaciarte de ego, observando en tercera persona cómo comienza a disiparse lo impostado y condicionado que te ha venido limitando. Lo que creías que era tu identidad se va deshaciendo como la cera. Si eso sucede estate tranquilo, pues aquello que puede desaparecer merece la pena que desaparezca. No es tuyo. No eres tú. No tiene que ver contigo. De hecho, *tú* eres aquello que permanece una vez que ha desaparecido lo falso.[69]

Y para tu asombro, te das cuenta de que dentro de ti no hay nadie ni nada, tan sólo un espacio vacío. Al desidentificarte del *personajazo* que te habías montado comprendes que lo que eres en esencia —por ponerle una palabra— es «consciencia», la cual es sinónimo de «ser», «presencia» y «espíritu». Es tu verdadera naturaleza, lo que queda cuando pelas todas las capas de la cebolla psicológica con la que te has venido enmascarando y protegiendo. En ese estado eres, pero no hay ningún *yo* que reivindique dicha identidad ni que reclame ninguna autoría. Se trata de una consciencia-testigo neutra e impersonal desde donde se observa todo lo que acontece sin identificarse ni involucrarse con nada de lo que ocurre. A este suceso también se le conoce como «metacognición». Es decir, «ser consciente de que se está siendo consciente».

Llevar una vida espiritual pasa por integrar la solitud y el silencio en tu existencia cotidiana, creando las condiciones para vivir interiormente conectado. Es entonces cuando comienzas a sentirte en paz contigo mismo y a reconciliarte con la existencia. Cuanto más conectado estás, menos solo te sientes. Y viceversa. De ahí que empieces a percibir la sensación de soledad como un indicador de desconexión interna, no como un motor para buscar compañía fuera.

Gracias al cultivo de la espiritualidad adquieres una percepción mucho más sabia de la realidad, viendo la vida como lo que genuinamente es: un continuo proceso de aprendizaje en el que todo el tiempo está sucediendo lo que tiene que suceder para que sigas aprendiendo, creciendo y evolucionando. Los místicos resumen esta revelación mediante el mantra «todo es perfecto». Lejos de ser una nueva creencia, se trata de una experiencia empírica profundamente transformadora. Y se sabe que las has vivenciado porque se *instala* en ti de forma permanente una sonrisa interior, la cual simboliza la complicidad que a partir de entonces mantienes con la existencia.

A partir de los cuarenta años todos los problemas psicológicos y todas las enfermedades mentales tienen una misma causa: la falta de espiritualidad.

CARL GUSTAV JUNG

29. La alquimia de la creatividad

Existen dos grandes maneras de estar en el mundo, las cuales se revelan por la forma en la que empleamos el ocio. Por un lado está el comportamiento mayoritario, que se basa en el «consumismo». Se trata de un actitud reactiva y pasiva —de fuera adentro— centrada en consumir lo que otros producen. Comida. Ropa. Cosas. Noticias. Información. Conocimiento. Redes sociales. Artículos. Libros. Películas. Fotografías. Arte. Cultura. Deportes. Política. Religión. Ideologías. Turismo. Pasatiempos. Pornografía. Prostitución. Drogas. De hecho, la sociedad en sí misma se ha convertido en un gran bazar donde todo el rato nos estamos vendiendo lo que sea los unos a los otros.

Por otro lado está la conducta minoritaria, la cual se centra en la «creatividad». Se trata de una actitud proactiva —de dentro afuera— centrada en crear algo por el gozo y disfrute que causa el simple hecho de crear. Aquí se encuentran todas las personas que tienen muy desarrollado el ingenio, la imaginación o la inventiva, así como aquellas que han conectado con algún hobby creativo o alguna manifestación artística. Dicho esto, ¿tú qué tiendes a hacer más: consumir o crear? Si perteneces al primer grupo seguramente sigues sin saber qué te gusta y qué se te da bien. De ahí que al seguir algo perdido, tiendas a consumir aquello que te mantenga ocupado y distraído.

En cambio, si te sientes más identificado con el segundo grupo es muy probable que valores mucho tus espacios de ocio, aprovechándolos para dar rienda suelta a tu talento creativo. No en vano, mientras estás creando sueles entrar en un estado de fluidez muy agradable en el que pierdes por completo la noción del tiempo. Y es precisamente este *flow* el que te permite disfrutar plenamente de tus momentos de solitud. Ésta es la razón por la que las personas más creativas suelen ser también las más solitarias. Experimentan tanta dicha creando que el resto de las actividades —incluyendo la vida social— termina pasando a un segundo plano.

LA CREATIVIDAD TE HACE SENTIR VIVO

Esto es precisamente lo que le sucede —entre otros— al gremio de escritores. Muchos de ellos eligen la solitud por delante de la sociedad. Los casos más arquetípicos son los de Jack London, Henry David Thoreau, Jane Austen, Walt Whitman, Ralph Waldo Emerson, Lev Tolstói, Emily Dickin-

son, Fiódor Dostoievski, Virginia Woolf, Mark Twain, Friedrich Nietzsche, Jack Kerouac, Harper Lee, J. D. Salinger o
Arthur Schopenhauer... Para todos ellos, alejarse voluntariamente de la sociedad fue siempre su principal fuente de
inspiración. Estando solos consigo mismos encontraron la
tranquilidad, la lucidez y el foco necesarios para crear sus
obras de arte...

Sea cómo fuere, el quid de la cuestión es que, si bien el
exceso de consumismo te conduce hacia el vacío y la depresión, la práctica de la creatividad te hace sentir inmensamente
vivo y pleno. En eso consiste precisamente la «arteterapia», un
proceso psicoterapéutico que emplea el cultivo del arte para
promover la salud mental. Es pura alquimia, la cual te transforma como ser humano. De ahí la importancia de realizar algún
retiro de solitud para descubrir y estimular tu vena creativa.
Esencialmente porque cuando creas algo —lo que sea— estás nutriendo tu autoestima y estimulando tu inteligencia. No
importa si dicha creación tiene alguna utilidad. Ni mucho menos si puedes monetizarla. Lo verdaderamente importante es
que te permite disfrutar de tu compañía sin necesidad de nadie más.

Puede que ahora mismo pienses que no eres una persona creativa. No es para menos. El sistema educativo industrial

aniquiló tu imaginación cuando todavía eras un niño inocente, provocando que te convirtieras en un adulto carente de amor propio y confianza en ti mismo. Pero no te preocupes. Regenerar tu lado creativo es una cuestión de práctica y entrenamiento. Eso sí, para conseguirlo has de pasar más tiempo a solas contigo. Sólo así podrás obtener ciertas revelaciones e intuiciones que te llevarán a pensar fuera de la caja. Y también a romper los esquemas mentales convencionales que gobiernan inconscientemente tu percepción de la realidad.

Vi el ángel en el mármol y lo esculpí hasta que lo hice libre.

MIGUEL ÁNGEL

TERCERA PARTE

LA ALEGRÍA
DE LA SOLITUD

VIII

La belleza
de lo solitario

Un hombre de cuarenta años estaba sentado solo en un banco situado en medio de un concurrido parque de una gran ciudad. Delante de él había un precioso estanque lleno de patos y cisnes. Era otoño y los árboles plantados a su alrededor tenían las hojas teñidas de colores naranjas rojizos. La estampa no podía ser más idílica y hermosa.

En un momento dado aquel hombre se puso a llorar. Y seguidamente apareció una pareja de enamorados, los cuales

—nada más verlo— comentaron entre susurros que quizá estaba llorando a causa de una ruptura sentimental. «Pobre, igual su mujer le ha sido infiel». Minutos después pasó por su lado un hombre de negocios, quien, al verle derramar lágrimas, enseguida pensó que su llanto se debía a que tal vez acababa de perder su trabajo. «Pobre, igual está atravesando serias dificultades financieras».

Más tarde una anciana lo vio desde la distancia y también reparó en que aquel hombre tenía los ojos vidriosos. Su primer pensamiento fue que lo más seguro es que le habían dado una mala noticia. «Pobre, tiene pinta de que se acaba de morir su padre o su madre.» Sin embargo, a aquel hombre no le había dejado su mujer. Tampoco se había quedado sin empleo. Ni ninguno de sus progenitores había fallecido. Sus lágrimas no eran de tristeza, sino de alegría. Y no lloraba por nada en concreto. Simplemente se sentía inmensamente agradecido de estar vivo.[70]

30. La rebelión de las ovejas negras

Seguro que a estas alturas de tu vida ya te has dado cuenta: la sociedad es en sí misma una sofisticada conspiración para que te conviertas en una oveja. El sistema en el que vives pretende desempoderarte como individuo, de manera que te sometas dócil y voluntariamente al orden social establecido. Es decir, a la manera convencional y estandarizada en la que piensa, actúa y vive la mayoría. Y dado que la neurosis egoica no para de crecer por todas partes, eres una víctima —sin saberlo— de la tiranía de lo políticamente correcto. Tú mismo te autocensuras, autolimitas y autoboicoteas inconscientemente para evitar decir o hacer algo que ofenda al resto de tus semejantes. No vaya a ser que seas el siguiente en ser juzgado por tu entorno social y familiar. O linchado públicamente en las redes sociales.

Dentro de este contexto de fustigamiento, represión y uniformidad, ser auténtico se ha convertido en un acto revolucionario. Y esto es precisamente lo que consigues cuando superas tu adicción a la nicotina social. De pronto ya no te importa ni te limita lo que la gente piensa de ti. En la medida en que cultivas tu lado solitario e introspectivo, poco a poco te vas emancipando psicológicamente de la sociedad y empiezas a ser libre del sistema dentro del sistema. La conquista de tu solitud no sólo te lleva a salirte del rebaño social, sino que en última instancia te permite ser quien verdaderamente eres. Es entonces cuando en tu círculo de conocidos te ven y etiquetan despectivamente como una «oveja negra».

Si bien desde la perspectiva mayoritaria tiene una connotación negativa, en realidad se trata de un halago, pues pone de manifiesto que posees muchas cualidades positivas. Para empezar, ser una oveja negra implica romper con el borreguismo imperante, lo cual denota muchísimo coraje y valentía. En vez de caminar por la ancha avenida por la que circulan el resto de las ovejas blancas, te atreves a seguir tu propia senda. De hecho, ya no necesitas que ningún pastor te diga por dónde has de ir, pues tú mismo te has convertido en tu propio guía. Tomas decisiones movidas por tu intuición. Y asumes con responsabilidad y madurez las consecuencias de tus actos, cultivando una sana autocrítica para aprender de tus errores.

Libertad de pensamiento y de expresión

Otro rasgo muy distintivo de las ovejas negras es que se lo cuestionan todo. Si eres una de ellas es imposible que te conformes con la versión oficial. Por el contrario, estás comprometido a buscar y encontrar tu propia verdad. Así es como te conviertes en un librepensador. Cuentas con criterio propio. Y empleas el sentido común para navegar por la realidad. Y como consecuencia, adoptas una postura liberal frente a la existencia, respetando puntos de vista diferentes a los tuyos y defendiendo a capa y espada la libertad de expresión. El lema vital de las ovejas negras es «vive y deja vivir».

Como oveja negra, también sueles vivir de dentro afuera. No te riges por las reglas, normas y cánones socialmente aceptados, sino que sigues los dictados de tu corazón. Al haberte emancipado de la presión social te sientes libre para vivir tu vida a tu manera. Así es como superas la patología de la normalidad, trascendiendo la necesidad de cumplir las expectativas ajenas y de hacer lo que se supone que tienes que hacer para ser considerado un miembro normal de la sociedad. Esencialmente porque te has dado cuenta de que ser «normal» significa renunciar a lo que te hace único para contentar a una gran mayoría que ya renunció en su momento. Por el contrario, tan sólo te rindes cuentas a ti mismo, a tu razón y a tu conciencia. Eres tremendamente fiel a los valores y principios que quieres que rijan tu existencia. Y evidentemente, tampoco esperas nada de nadie, liberando a los demás de tener que rendirte cuentas.

En definitiva, lo que te hace especial como oveja negra es que tienes el valor de honrar tu singularidad, atreviéndote a ser genuinamente auténtico. Eso sí, el precio que pagas es ir a contracorriente, siendo diana de todo tipo de juicios y críticas envenenados por parte de quienes siguen secuestrados por el *statu quo*. Tu libertad y autenticidad son demasiado dolorosas para quienes continúan siendo esclavos de la máscara que se pusieron para (intentar) encajar dentro de las convenciones sociales de su tiempo. Y no es que lleves la contraria por capricho, sino por dignificar el ser que realmente eres, el cual es inherentemente único, original y singular. Esa es sin duda la rebelión pendiente de la humanidad: que todos nosotros nos convirtamos en ovejas negras, dejando así de seguir a un rebaño que camina directo hacia el abismo.

No traiciones tu autenticidad a cambio de una mirada
de aprobación.

JORGE BUCAY

31. La paradoja del amor propio

Formas parte de una sociedad tan oprimida y desquiciada que amarse a uno mismo está muy mal visto. Es casi un pecado capital. Principalmente porque el amor propio se confunde con narcisismo. Pero nada más lejos de la realidad. Si algo tienen en común todos los narcisistas es que carecen de autoestima. Y al sentirse tan heridos y estropeados por dentro siempre quieren algo de los demás, manipulándolos para conseguir lo que desean. Por otro lado, dado que el amor propio implica priorizarte a ti mismo, muchos también lo critican por considerarlo el colmo del egoísmo. Sin embargo, éste sólo existe cuando causas algún perjuicio a otro ser humano.

Satisfacer tus necesidades no tiene nada que ver con ser egoísta. Es algo natural y necesario para tu supervivencia y tu bienestar. En cambio, esperar que otros te las satisfagan sí lo es. Ésta es la razón por la que es imposible ser egoísta en una isla desierta sin nadie a tu alrededor. En el caso de tener un conflicto de intereses con otra persona es fundamental saber dejar el ego a un lado para encontrar una solución que beneficie a ambas partes. Aquí nuevamente se desenmascara al narcisista, quien —al tener un ego tan grande— es incapaz de salir de sí mismo y empatizar con las necesidades ajenas.

En última instancia, todo lo que haces en la vida lo haces —en primer lugar— por ti mismo. Incluso el altruismo tiene un componente egoísta. Por muy desinteresada que creas que es tu conducta altruista, en el fondo te causa cierta satisfacción realizarla, pues hay un punto en el que hacer el bien te hace bien. Si no, no la harías. De ahí que a la hora de emprender una acción en concreto sea fundamental discernir desde dónde la haces, por qué y para qué la haces y qué efectos y consecuencias tiene sobre ti y sobre los demás el hecho de hacerla. En eso consiste precisamente vivir con consciencia y madurez: que sabes cuáles son tus verdaderas motivaciones, haciendo que sea casi imposible el autoengaño.

EL AMOR PROPIO ES LA CURA PARA LA SOLEDAD

Como bien sabes, el sentimiento de soledad es uno de los rasgos más distintivos del ego. Recuerda que la razón principal por la que te sientes solo es porque sigues identificado con este *yo* ilusorio, el cual te hace creer erróneamente que estás disociado de la realidad y separado de los demás. Movido por esta ilusión cognitiva te has pasado la vida mendigando afecto, queriendo desesperadamente que te quieran. De hecho, cuanto más amor has buscado fuera de ti, más te has desconectado de tu esencia. Y mayor ha sido el dolor causado por tu herida de abandono.

La cura definitiva para esta distorsión mental es el amor

propio. Es decir, amarte a ti mismo incondicionalmente, sin fisuras. Y esto pasa por conocerte, cuidarte y atender tus necesidades emocionales de forma autónoma. Amarte consiste esencialmente en cultivar tu salud física, mental y espiritual. En darte lo que necesitas para sentirte saludable, a gusto y en paz, desprendiéndote de aquello que te daña o te perjudica. También consiste en saber poner límites y decir «no» de forma asertiva. Y en saber que —pase lo que pase— tú siempre vas a estar ahí para ti. A partir de ahí, todo lo demás se ordena por sí mismo y las cosas empiezan a fluir y a funcionar bien en tu vida.

De hecho, un indicador de que has despertado y de que vives conscientemente es que has descubierto que tú eres el verdadero amor de tu vida. Ese día liberas a los demás de la responsabilidad de hacerte feliz. Más que nada porque verificas que dentro de ti albergas todo lo que necesitas para sentirte completo. Por más que el ego te haga creer que eres una víctima y te lleve a buscar constantemente culpables, la realidad es que todos tus problemas y conflictos tienen una misma causa: la falta de amor propio. Y todos tienen una misma solución: amarte a ti mismo. Y esto que es muy fácil de decir da para toda una vida de aprendizaje. Tanto es así que hay muchísimas personas que son incapaces de mirarse fijamente a los ojos en un espejo y decirse que se aman. Están tan rotas por dentro que no soportan sentir lo poco que se quieren. ¿Lo has probado alguna vez?

CUANTO MÁS TE AMAS MENOS QUIERES

El amor propio comienza el día que haces las paces con el egoísmo. Es entonces cuando sucede la magia: cuanto más te amas a ti, más amor acabas dando y más amor terminas recibiendo. Y es que a nivel emocional sólo puedes dar lo que tienes. Y sólo posees aquello que te has dado a ti primero. A su vez, la paradoja del amor propio es que cuanto mejor es la calidad de tu autoestima menos quieres y necesitas de los demás. Esencialmente porque te sientes lleno por ti mismo. Y en consecuencia, más tienes para dar, compartir y entregar. Por el contrario, cuanto menos te amas, más quieres y necesitas de otras personas. Al sentirte tan vacío, más pides y esperas recibir de quienes te rodean. ¿Quién es el egoísta, entonces?

La práctica del amor propio requiere de mucha solitud. Estando a solas empiezas a apreciar la belleza de lo solitario, así como a descubrir qué rutinas positivas y hábitos saludables permiten que florezca la mejor versión de ti mismo. Y fruto de esta introspección adquieres una noción mucho más clara de hacia dónde quieres ir. Metafóricamente, pongamos que se trata de ir al «norte». Lo sabes porque verdaderamente te motiva e ilusiona y tiene sentido para ti. Cuando te amas a ti mismo ya no dependes de que alguien te dé permiso, te acompañe o te dé la palmadita para poder ir. Simplemente vas. Y no tienes ningún problema en caminar solo. Más que nada porque vas acompañado de ti mismo.

Lo bonito de seguir tu propia senda es que mientras caminas en una determinada dirección inevitablemente te encuentras con más caminantes que van hacia ese mismo destino. Si eso sucede, qué maravilla poder compartir parte del trayecto con otros. Eso sí, tú vas igualmente, aparezcan otras personas o no. Ya no necesitas ni dependes de la compañía ajena para moverte por la vida. Y son precisamente esa libertad y ese desapego los que te permiten disfrutar mucho más plenamente de las relaciones que vas manteniendo por el camino.

Amarse a uno mismo es el comienzo
de un romance que dura toda la vida.

OSCAR WILDE

32. *Living apart together*

Una de las mayores convenciones sociales de nuestro tiempo es que los miembros de una pareja han de vivir bajo un mismo techo. La secuencia es siempre la misma: todo comienza siendo novios, cada uno viviendo en su casa. Al principio preserváis vuestra independencia y autonomía. Las noches que pasáis juntos vais alternando entre el piso de uno y el del otro, hasta el punto en el que ambos tenéis un cepillo de dientes y algo de ropa en ambas viviendas. Y así seguís durante un tiempo, hasta que finalmente formalizáis y asentáis vuestro vínculo, momento en el que dais por sentado que tenéis que vivir juntos. Pero ¿dónde está escrito que *tenga que* ser así?

Seguramente ahora mismo estés pensando que la razón principal por la que convives con tu pareja es simple y llanamente porque quieres. Y evidentemente puede que así sea. Sin embargo, este aparente deseo suele estar influido inconscientemente por una serie de factores que igual no has tenido en cuenta a la hora de tomar dicha decisión. El primero tiene que ver con el condicionamiento, la tradición y la costumbre. Convivir bajo el mismo techo es lo «normal». Es el punto de partida de todos los matrimonios que te han precedido. Tus padres vivieron juntos. Y lo mismo tus abuelos, bisabuelos y tatara-buelos. De ahí que en general no se te ocurra cuestionártelo. Y mucho menos explorar modelos de convivencia alternativos.

Otro factor de peso es puramente «económico». Para muchas parejas es inviable pagar el alquiler mensual de dos apartamentos. De ahí que sea la solución más razonable. Y las que tienen el privilegio de poder permitírselo tampoco lo hacen por verlo como un derroche innecesario. En ningún momento se plantean ponderar los pros y los contras de dicha decisión. También está el factor «familiar». Una vez que llegan los hijos parece bastante obvio que como padres debéis pasar juntos el mayor tiempo posible, de manera que los podáis educar como dios manda. En caso contrario vuestro entorno social tenderá a juzgaros como una «mala madre» y un «mal padre». Es decir, que ni se os pasa por la cabeza por temor a lo que pudiera pensar la gente de vosotros.

En paralelo, otro de los motivos por los que en general vives bajo el mismo techo que tu pareja es por miedo a la «soledad». Especialmente si sigues siendo un sociodependiente adicto a la vida social y a la compañía ajena. No es tanto que quieras compartir piso con tu compañero sentimental, sino que no soportas vivir solo. También tiene mucho poder el factor «seguridad». Sin duda alguna, el estar acompañado por otro ser humano te hace sentir más protegido frente a potenciales actos de delincuencia o vandalismo. Especialmente por las noches. Y qué decir de la «desconfianza» y los «celos». Desde una perspectiva emocional la idea de que tu pareja duerma sola en otra vivienda te incomoda y te parece demasiado extraña. Principalmente por no saber qué podría llegar a hacer con semejante libertad...

Cada vez más personas eligen vivir solas

A pesar de que la inercia sigue llevando a la mayoría a compartir techo, muchos seres humanos viven solos. A nivel global, el 29% de los adultos no comparte piso con nadie.[71] Es cierto que algunos de ellos son personas mayores que no lo han escogido, padeciendo una solitud impuesta. Sin embargo, el resto lo han decidido libre y voluntariamente. Esta estadística está liderada por Suecia, donde casi la mitad de las viviendas está ocupada por una sola persona.[72] En España esta cifra se sitúa alrededor del 28 %.[73] Y todo apunta a que las viviendas unipersonales van a ir a más.

Si miramos con lupa a este colectivo descubrimos que no todos son solteros. Algunos de los que viven solos están en pareja. Y muchos tienen hijos, casi siempre de su matrimonio anterior. Su nuevo modelo de convivencia se llama «*living apart together*», que significa «vivir separados pero juntos». Se trata de una corriente en auge. Y parte de la premisa de que es mucho mejor echarse de menos que echarse de más. De ahí que eviten el exceso de convivencia al que están habituadas las parejas tradicionales.

El amor no se termina cuando dos personas se casan, sino cuando dejan de comportarse como novios. Al darse mutuamente más espacios de solitud y libertad se evitan roces y discusiones innecesarios que solamente se producen por pasar demasiado tiempo juntos. Nuevamente, lo importante es la calidad y no tanto la cantidad. Si eres honesto contigo mismo seguramente reconozcas que en algunas ocasiones estás un poco exhausto de la convivencia. De hecho, hay algunos que buscan cualquier excusa para no estar en casa. Las más comunes son alargar la jornada laboral para regresar lo más tarde posible al hogar. O incluso aceptar un trabajo en otra ciudad, de manera que no quede más remedio que vivir fuera unos cuantos días a la semana.

RESPETAR LA LIBERTAD DEL OTRO

Evidentemente, el *living apart together* no es para todo el mundo. En el caso de que sea una opción que realmente encaje contigo, que sepas que requiere mucha madurez ponerla en práctica. Es fundamental que ambos miembros estéis comprometidos con cultivar el amor, así como respetar la libertad del otro. También es básico que establezcáis un nuevo acuerdo de pareja que garantice una sólida organización logística, económica y familiar. Y más importante aún, que os comuniquéis con honestidad y hagáis equipo, compartiendo las responsabilidades sin tener que hacer todo juntos en todo momento. Paradójicamente, cuanto más espacio os deis el uno al otro más unidos os sentiréis entre vosotros.

En este sentido, hay parejas en las que uno de los dos miembros duerme fuera de casa un par de días a la semana. Otros pasan un fin de semana juntos y el siguiente, por separado. E incluso los hay que viven en un mismo domicilio, pero cada uno tiene su propia habitación y su cama... La mayoría de quienes lo han probado aseguran que aumenta la conexión emocional y enciende nuevamente la pasión sexual. El único obstáculo para ponerlo en marcha es el miedo a lo desconocido. Sin embargo, viendo el panorama de separaciones y divorcios, ¿qué es lo peor que puede pasarte por darle un oportunidad?[74]

Por muy descabellado que pueda parecerte en estos momentos, el auge del *living apart together* es imparable. En la medida en que más adultos amen su solitud y cuestionen el molde tradicional de convivencia, poco a poco irá cambiando la arquitectura de los edificios y el diseño de las viviendas. La razón de esta evolución de lo colectivo a lo individual es que el ser humano —cuando madura de verdad— necesita un espacio íntimo y privado donde recargarse y poder así volver a socializar. De ahí que en un futuro no muy lejano cada persona podrá elegir libremente el modelo de convivencia que más le convenga, en vez de acogerse a la única opción disponible hoy en el mercado.

Cabe señalar que no existe un único molde de pareja válido para todos. Evidentemente, no lo es la convivencia convencional basada en vivir bajo un mismo techo. Y, por supuesto, tampoco lo es el *living apart together*. Como pareja estáis condenados a explorar y encontrar vuestra propia fórmula, dando con la tecla de lo que os funciona. Al fin y al cabo, de lo que se trata es de diseñar un acuerdo que honre vuestras respectivas singularidades y que os permita disfrutar del amor en libertad.

Una de las mayores dichas que un ser humano puede experimentar en esta vida es la de no tener que lidiar con el ego de nadie más durante un rato cada día.

ANTHONY DE MELLO

33. La sombra del individualismo

Estamos inmersos en una metamorfosis económica, política y social sin precedentes en la historia de la humanidad. Estamos dejando atrás la cultura de clanes y nacionalismos, en los que siempre se han priorizado los intereses del colectivo por delante de las necesidades del individuo. El comunismo, el socialismo y actualmente la socialdemocracia son un claro ejemplo de ello. Lo que estos tres sistemas políticos tienen en común es que pretenden igualar las condiciones de vida materiales de la gente mediante la coerción y el uso de la fuerza del Estado. Y la única forma de lograrlo es privando de la libertad a los ciudadanos.

Sin embargo, por más que los políticos lo intenten jamás lo van a conseguir. Esencialmente porque los seres humanos no somos iguales, sino únicos. Y por tanto, a menos que se nos imponga una igualdad impostada desde fuera, siempre cosecharemos resultados diferentes. De hecho, hoy en día la sociedad está muriendo en detrimento del nacimiento del individuo. Y como consecuencia, está surgiendo una nueva corriente filosófica: el «individualismo». Si bien esta palabra tiene de entrada muy mala prensa —y es ampliamente demonizada— lo que pretende es potenciar al máximo nuestras capacidades como seres humanos. En esencia, se opone a la idea de que el bienestar del colectivo debe tener siempre prioridad sobre el bienestar individual. Principalmente porque eso puede terminar creando regímenes totalitarios que conducen a la humanidad a la uniformidad del pensamiento y a la miseria económica.

Lejos de dejarse someter por la tutela de Papá Estado, el individualismo promueve que los ciudadanos se empoderen para ser autónomos, independientes y autosuficientes, de manera que se valgan por sí mismos. A su vez, también insta a que las personas se hagan responsables de sus propias decisiones y acciones, así como de los resultados que cosechan en las diferentes áreas de su vida. Y, por supuesto, motiva a que cualquiera pueda perseguir sus intereses y metas personales, siempre y cuando no interfiera o hiera a ningún otro ser humano.

LIBERTAD VERSUS LIBERTINAJE

Como no podía ser de otra forma, este proceso de individuación por medio del que estás llamado a honrar tu singularidad y expresar tu peculiaridad más interna también cuenta con su propia sombra. Ten mucho cuidado de que el ego no corrompa tu afán de libertad, pues entonces ésta se convierte en una jaula invisible llamada «libertinaje». Se trata del deseo infantil y egocéntrico de hacer siempre lo que te dé la gana sin tener en cuenta las necesidades y los sentimientos de quienes te rodean. Es otro de los rostros que toma el narcisismo moderno. Y suele llevarte a buscar una constante gratificación personal a corto plazo de manera excesiva, generándote el efecto contrario: insatisfacción crónica.

La consecuencia directa del libertinaje es que te genera todo tipo de conflictos interpersonales con el resto de los individuos de tu entorno social, familiar y profesional. Principalmente porque al cercenar tu empatía, priorizas únicamente tus intereses sin considerar los de los demás. Por otro lado, el individualismo mal entendido también puede provocar que te pases de frenada en tu camino de autoconocimiento, perdiéndote en el laberinto de tu mundo interior. De tanto mirarte y buscarte puedes acabar —paradójicamente— engrandeciendo tu propio ego, en vez de limarlo para hacerlo más manejable.

A su vez, el viaje hacia la conquista de la solitud y del encuentro íntimo contigo mismo también puede provocar que termines encerrado dentro de ti mismo. Y que poco a poco te vayas aislando del resto de individuos que componen la sociedad. Al pasar demasiado tiempo sólo dejas de entrenar la capacidad de salir de ti, con lo que al volver a interactuar con otros puedes manifestar rasgos más egocéntricos y narcisistas. De hecho, el exceso de independencia y autosuficiencia puede hacerte caer en la trampa de que no necesitas nada ni nadie, lo cual es una creencia egoica completamente falsa. Se sabe que un individuo es genuinamente consciente y libre por el amor que profesa a los demás. Y porque pone su vida al servicio del bien común de la sociedad. La cuestión es no olvidarse de uno mismo en el proceso.

Uno siempre debería empezar por sí mismo
pero nunca terminar en sí mismo.

ERICH FROMM

IX

El club social antisocial

Había una vez un joven buscador que estaba empeñado en saber lo que era la verdadera amistad. Primero se encontró con un hedonista, quien le dijo que «los amigos son aquellos con los que te diviertes pasando el rato y haciendo actividades juntos». Luego le preguntó a un intelectual, quien le respondió que «los amigos son aquellos con los que puedes conversar durante horas, compartiendo información y conocimiento de calidad».

Más tarde acudió a un comerciante, quien afirmó que «los

amigos son aquellos que te ayudan a conseguir tus metas y poder así prosperar en la vida». Y seguidamente fue a un psicólogo, quien le comentó que «los amigos son aquellos en los que te puedes apoyar en momento difíciles». Tras muchos meses de apasionada búsqueda, el joven finalmente acabó en presencia de un anciano sabio. Nada más verle, le contó el motivo de su visita y compartió con él todas las definiciones que el resto de las personas le había dado.

«Todos esos atributos sobre la amistad están muy bien —dijo el sabio—. Sin embargo, falta un ingrediente esencial para que dicha relación sea genuinamente auténtica», añadió. «¿Y cuál es?», preguntó el joven. «Poder ser tú mismo en todo momento». El joven lo miró desconcertado y le inquirió: «¿Y cómo se sabe eso?». El anciano le sonrió y le dijo algo que cambiaría su vida para siempre: «A un verdadero amigo no hace falta que le mientas nunca acerca de nada».[75]

34. *Joy of missing out (JOMO)*

Existe un indicador irrefutable que pone de manifiesto que te has liberado para siempre de la nicotina social: ya no padeces el miedo a perderte algo (FOMO). Por el contrario, te invade el «JOMO», acrónimo en inglés de «*joy of missing out*». Es decir, «la alegría de perderte algo». Al estar a gusto contigo mismo cuando estás solo tu escala de valores y prioridades cambia por completo, cambiando, a su vez, tus hábitos sociales.

Ya no acudes sistemáticamente a cualquier evento o reunión al que te invitan. De hecho, dejas de ir a cualquier parte simplemente por ir. A la hora de decir que «sí» a algún plan que te proponen no te conformas con un «¿por qué no?». El hecho de que no haya ningún motivo para no hacerlo ya no es suficiente para ti. Esencialmente porque no tienes ningún vacío que llenar ni ninguna soledad que evitar. De ahí que te vuelvas un poco más exigente con el uso que haces de tu tiempo y energía, así como con el tipo de personas con las que decides relacionarte.

Movido por el JOMO, de pronto experimentas un intenso sentimiento de dicha causado por centrarte en lo que consideras más importante, soltando los «tengo que» o «debería» de tu vida. Te vuelves más esencial. E inevitablemente empiezas a hacer menos cosas y a quedar con menos gente, aumentando exponencialmente la calidad de aquello que haces y de aquellos con quienes te relacionas. Al ser coherente con tus genuinas motivaciones y preferencias perso-

nales, comienzas a disfrutar plenamente de todas tus actividades e interacciones sociales. Más que nada porque éstas
son, por fin, un reflejo de quien verdaderamente eres.

DE LA SOCIODEPENDENCIA A LA SOLOSOFÍA

El FOMO es el rasgo distintivo de la sociodependencia: la
adicción a la vida social para tapar el aburrimiento existencial y encubrir la sensación de abandono y soledad. Y ahora
mismo dirige inconscientemente la existencia de la gran mayoría de adolescentes y adultos que conforman la sociedad.
En cambio, el JOMO es una de las cualidades más desta-
cadas de la «solosofía»:[76] el arte de sentirte completo por
ti mismo y disfrutar de la vida en solitario. Evidentemente,
hoy en día esta corriente filosófica cuenta con muy poquitos
adeptos. Prueba de ello es que es bastante raro encontrarse con alguien que sepa pasárselo muy bien estando solo.

Principalmente porque muy pocos están dispuestos a pagar el precio que implica culminar con éxito el proceso de desintoxicación social. Es demasiado doloroso. Lo cierto es que
casi todos los valientes que se han atrevido a transitarlo con-
fiesan que en su día lo hicieron porque no les quedó más re-

medio. Muchos de ellos reconocen que su viaje hacia la solitud comenzó a través de una ruptura sentimental... Sea como fuere, todos ellos saben que la recompensa es inmensa. En el momento en que aprendes a ser feliz por ti mismo —sin necesidad de depender de nadie y de nada—, conectas con una paz interior prácticamente imperturbable. Y como consecuencia, cuentas con el recurso más valioso que hay en el mundo para el resto de tu vida: tú mismo.

Si lo piensas detenidamente, no existe ningún verbo que describa el acto de regocijarse y divertirse estando solo. Propongo «solear», pues para gozar de la solitud has de recuperar tu propio centro —o Sol— desde el que te relacionas con todo lo que acontece fuera de ti sin necesitar, desear ni esperar nada a cambio. Al haber aprendido a contentarte y bastarte contigo mismo tu presencia irradia felicidad y amor, independientemente de cómo sea el decorado de tu vida. Sólo entonces estás preparado para crear vínculos sanos, libres, auténticos y duraderos.

No hay mayor felicidad que una solitud ajetreada.

VOLTAIRE

35. Cómo crear vínculos auténticos

No falla: cuando conquistas la solitud te vuelves más solitario. Sobre todo porque descubres que te gusta mucho estar contigo mismo. Por muy sociable que seas, de alguna manera te vuelves un poco antisocial. Pero no en el sentido de rechazar radicalmente la interacción humana como hacen algunos ermitaños. Ni mucho menos. Lo que sucede es que cada vez te da más pereza sociabilizar con grandes multitudes de gente. Esencialmente porque ya no buscas ni te llena tanto la superficialidad, la banalidad y la intrascendencia. Igual de vez en cuando, pero no como norma habitual.

Por el contrario, prefieres quedar mano a mano con algún amigo para ponerte al día y conectar emocionalmente. O con grupos pequeños de personas con intereses, valores e inquietudes afines a los tuyos con quienes compartir momentos y actividades que te motiven de verdad. Y lo cierto es que empiezas a salir de tu zona de confort social, abriéndote a la posibilidad de explorar y conocer a gente nueva. Al haberte hecho amigo de ti mismo, te es mucho más fácil cultivar la amigabilidad con quienes se cruzan por tu camino. Así es como compruebas que nunca es tarde para hacer nuevas amistades.

Curiosamente, todas las que incorporas a tu vida tienen algo en común: forman parte del «club social antisocial». Todas ellas han trascendido su adicción a la nicotina social, convirtiéndose en personas solitarias que están en paz con su solitud. Y que —como consecuencia— tienden a aborrecer el comportamiento gregario y el pensamiento estandarizado tan común hoy en día en la sociedad. Son individuos que se atreven a manifestar su individualidad en el mejor sentido de la palabra. Y a quienes les encanta compartir(se) con otros individuos que se encuentran en una misma frecuencia. De ahí que enseguida establezcas con ellos conexiones álmicas —de alma a alma—, muchas de las cuales se mantienen de forma intermitente durante el resto de tu vida.

LA GRANDEZA DE LA VULNERABILIDAD

Y, entonces, ¿cuál es el secreto para crear vínculos auténticos? Pues muy sencillo: consiste en compartir intimidad. Lejos de ser una cuestión sexual, intimar es ver, sentir y escuchar a la otra persona y ser visto, sentido y escuchado por ella.[77] Así es como —con el tiempo— os convertís en expertos el uno del otro. Para lograrlo, por un lado se trata de hacer lo que más vergüenza te da: quitarte la máscara. Y por el otro, lo que más miedo te genera: soltar la coraza. Y es que para intimar con otro ser humano es absolutamente imprescindible que te muestres vulnerable. Esencialmente porque consiste en permitir que el otro entre en ti y vea lo que hay. Y a su vez, que tú puedas entrar en su interior, descubriendo lo que alberga dentro. Sólo entonces se produce una genuina conexión, que es lo que en realidad todos anhelamos.

Para construir una relación auténtica primero has de aceptarte a ti mismo en tu totalidad, abrazando tus luces y sobre todo tus sombras. Sólo así desaparece el temor a la intimidad. A partir de ahí tienes que ser veraz, honesto y sincero. Y tener el valor de desnudarte emocionalmente. En última instancia es una cuestión de confianza. Confías en que la otra persona acogerá con madurez lo que le muestres acerca de ti, siendo imposible que dicha información sensible la comparta con nadie más. Dicha intimidad es solamente vuestra. Y lo mismo sucede a la inversa. El otro también ha de poder confiar en ti para mostrarse vulnerable en tu presencia. Actuando de este modo, los adultos que sois os dais permiso para que vuestros respectivos niños interiores salgan a jugar y se fundan en un abrazo lleno de complicidad.

Gozar de intimidad con otro ser humano significa que puedes acudir a esa persona y compartirle tal cual lo que piensas o sientes en un momento dado. Te sientes totalmente libre para revelarle tu verdad descarnada, sin filtros, adornos ni florituras. Principalmente porque sabes que no va a juzgarte. Tan sólo escucharte y comprenderte, lo cual es profundamente reconfortante. Contar con alguien así es un tesoro muy preciado. Este tipo de amistad te hace darte cuenta de que —cuando se viven de forma consciente y madura— las relaciones humanas son una auténtica bendición.

La mayor demostración de amistad que le puedes hacer a un amigo es mostrarle tu lado vulnerable.

BRENÉ BROWN

36. La amistad *feelfreeniana*

Aprender a estar solo cambia por completo el concepto que tienes de la amistad, así como la forma en la que te relacionas con tus amigos. En el instante en el que culminas tu proceso de desintoxicación —liberándote de la adicción a la vida social— comienzas a cultivar la «amistad *feelfree-*

niana». Se trata de una de las expresiones más nobles de la condición humana. Al dejar de depender emocionalmente de otros para sentirte feliz, vives estos vínculos íntimos desde la no-necesidad. Sólo entonces estás preparado para amar a tus amigos de forma incondicional.

A esto se refiere la expresión inglesa «*feel free*», que significa «siéntete libre». Hace referencia al tipo de relación evolucionada que eres capaz de cultivar con otros seres humanos cuando has conquistado tu propia solitud. Al valorar y disfrutar de tu libertad interior, incentivas y respetas la libertad del otro. Y al mostrarte verdaderamente auténtico permites que el otro pueda ser genuinamente tal como es. Dicho de otro modo, la amistad *feelfreeniana* deviene cuando eres capaz de dejar el ego a un lado en compañía de otro ser humano, pudiendo ser, estar y hablar con él como cuando estás a solas contigo mismo. Un indicador irrefutable de que se ha alcanzado este tipo de intimidad es que ambos os sentís muy cómodos compartiendo largos momentos de silencio.

Un amigo *feelfreeniano* no espera que le saques las castañas del fuego, que estés pendiente de cada pormenor de su vida o que te acuerdes de su cumpleaños. Es alguien que acepta y respeta tu versión más libre y auténtica. Puedes estar meses sin hablar con él, y eso no hace mella en el vínculo.

En el instante en el que se retoma la relación se reanuda la conversación donde la dejasteis. Jamás hay lugar para la queja o el reproche. Por el contrario, el tiempo que decidís libremente compartir juntos siempre está envuelto de un aura de agradecimiento y disfrute. Ninguno le debe nada al otro. Todo lo hacéis porque queréis. Y en caso de no poder atenderos en un momento dado os comunicáis con total honestidad y transparencia. Faltaría más: los dos sabéis que nadie ha venido a este mundo a cumplir con vuestras expectativas.

AMIGOS DE VERDAD

Paradójicamente, un amigo *feelfreeniano* siempre está ahí cuando lo necesitas. Sabes que puedes contar con él para apoyarte cuando alguna desgracia viene a visitarte y tu vida parece fundirse a negro. Y lo mismo sucede a la inversa: él también sabe perfectamente que cuando se encuentre en una situación parecida podrá contar contigo. A su vez, te escucha atentamente cuando hablas y se interesa genuinamente por tu bienestar. Lo bonito de este tipo de amistad es que este sostén emocional no se da por sentado. No forma parte de ningún contrato previo, pues se produce en un contexto de libertad y voluntariedad. De hecho, ambos lo hacéis encantados, pues en esos instantes os brindáis la oportunidad de seros útiles el uno al otro.

Otro rasgo que pone de manifiesto que es un amigo *feelfreeniano* es que no te juzga ni tampoco te quiere cambiar. Conoce tu lado oscuro y sabe de qué pie cojeas. Y, sin embargo, te acepta y ama tal como eres. Eso sí, en caso de percibir que estás deshonrando tus valores esenciales —o que estás actuando de forma mediocre o incongruente— te pide permiso para cuestionarte. Y una vez concedido, de manera asertiva te hace las preguntas adecuadas para que tú mismo te des cuenta de que igual el ego te ha vuelto a jugar una mala pasada. Dicho de otra forma, no te ríe las gracias cuando éstas no hacen reír. Ni refuerza tu victimismo cuando te pones en el papel de víctima. Por el contrario, si tienes un moco en la nariz es el primero en decírtelo. De alguna forma te ayuda a ser la voz de tu conciencia cuando ésta ha sido silenciada por tu inconsciencia.

En este sentido, un amigo *feelfreeniano* nunca te miente. Nunca. Tampoco te da excusas ni justificaciones. Más bien tiende a mirarte a los ojos y decirte la verdad. A su vez, tú también puedes decirle lo que piensas —tal y como lo piensas— sin temor a herir u ofender sus sentimientos. Y en caso de proponerte o pedirte algo le puedes decir que «no» y te seguirá queriendo igual. No se molesta cuando no le priorizas. Su amor por ti no está regido por ningún acuerdo mercantil. No está condicionado por lo que haces por él o por lo que le das. Es amor en estado puro: te ama por ser quien eres y por cómo se siente él cuando está contigo. De hecho, se alegra genuinamente por tus alegrías. Su abundancia interior le permite ser cómplice de tu felicidad, deseando que te vaya todo de maravilla.

En definitiva, la amistad *feelfreeniana* viene a ser una especie de lazo imaginario que te une con otro ser humano de una forma muy difícil de explicar con palabras. Ambos sabéis que estáis en la vida del uno y del otro. Y sólo por ello sonreís. Sin embargo, este vínculo inquebrantable no está sujeto a ningún tipo de apego insano, convención social ni obligación moral. Es totalmente libre. Ahí radica su belleza y su fortaleza. Contar con un amigo así es uno de los mayores tesoros que puedes tener. Y una de las experiencias que hacen que la vida merezca ser vivida.

Se conoce a la pareja en el divorcio, los hermanos en la herencia, los hijos en la vejez, los amigos en las dificultades y los socios en las crisis.

ANÓNIMO

37. El amor evolucionado

Por más a gusto que puedas llegar a estar en un momento dado contigo mismo, tarde o temprano vas a sentir el anhelo de compartir tu vida —en el formato que sea— con un compañero sentimental. Está escrito en tus genes. Desde una perspectiva biológica, estás programado para desear fusionarte con otro ser humano, al que coloquialmente sueles llamar «pareja». De hecho, cuando estableces un vínculo afectivo con alguien así ambos dejáis de ser dos entidades separadas y pasáis a formar una unidad psicológica. Y una vez que dicha relación se ha consolidado, no tiene sentido preguntarse si existe o no dependencia: siempre la hay.[78]

Ahora bien, la clave para evitar el exceso de codependencia —así como la toxicidad que ésta acarrea— es que tanto tú como tu pareja aprendáis a desarrollar un «apego seguro». Y esto pasa por que ambos gocéis de una sana autoestima y pongáis vuestro bienestar al servicio del otro. Por crear una relación basada en la confianza y la lealtad, honrando los acuerdos que establezcáis de forma honesta y madura. Por confiar de verdad el uno en el otro y ser una constante fuente de apoyo y respaldo mutuos. Y sobre todo, por gozar de la inteligencia emocional necesaria para relacionaros con empatía y comunicaros con asertividad. Contar con alguien así te aporta la estabilidad y la tranquilidad necesarias para alcanzar cotas de bienestar que difícilmente logras cuando estás solo.

La cruda realidad es que es bastante probable que este apego seguro no sea la base sobre la que has cimentado tus vínculos afectivos. ¿Cómo iba a serlo si lo más probable es que tus padres no te proveyeron de la estima que necesitabas durante tu infancia? ¿De qué manera podías haberla construido si a lo largo de tu juventud tampoco recibiste en la escuela educación emocional? Como consecuencia de la herida de abandono que —en mayor o menor medida— sigue presente en tu niño (o niña) interior, seguramente creciste con un vacío emocional en tu corazón. Y esta sensación de carencia y escasez es la que te llevó a entrar equivocadamente en el mercado del amor buscando a alguien que lo llenara. Sin duda alguna, se trata de la receta perfecta para el fracaso sentimental.

ANSIOSOS Y EVASIVOS

Si observas con lupa las dinámicas emocionales que protagonizan tus relaciones de pareja, es muy posible que descubras que suelen estar motivadas por el «apego ansioso» y el «apego evasivo».[79] Son la forma en la que el ego distorsiona y corrompe cualquier posibilidad de cosechar un bienestar emocional sano y duradero cuando te vinculas sexual y afectivamente. Y ambos parten de heridas no resueltas y sombras no iluminadas.

El apego ansioso se caracteriza por un irracional miedo al abandono, el cual provoca que la persona que lo padece sienta su relación amenazada. Sobre todo cuando aparecen los desacuerdos y el conflicto. De ahí que requiera de constantes muestras de complicidad que reafirmen y refuercen el vínculo afectivo. Por el contrario, el apego evasivo destaca por el temor a la pérdida de libertad que supone vincularse íntimamente con otra persona. Quien lo sufre manifiesta conductas confusas y ambivalentes por no querer comprometerse nunca del todo con su compañero sentimental. Estos dos tipos de apego son disfuncionales y terminan boicoteando y destruyendo la relación.[80]

La única fórmula 100 % eficaz para evitar perpetuar los apegos ansiosos y evasivos —y poder desarrollar un apego seguro— es aprender a ser feliz por ti mismo. En un mundo ideal, antes de empezar a vincularte emocional y sexualmente con otros seres humanos como mínimo sería recomendable que durante al menos un año de tu vida te levantarás solo cada mañana y te acostarás solo cada noche, sintiéndote verdaderamente completo. Y es que solamente a base de cultivar la solitud y de abrazar la soledad puedes verificar empíricamente que no necesitas a nadie más para disfrutar de tu existencia.

MAESTRÍA EN AMOR

El principal beneficio de no tener a otra persona a quien amar es que llega un punto en que no te queda más remedio que aprender a amarte a ti mismo. Y como sucede con cualquier otro aprendizaje vital, a base de entrenar y practicar el amor propio finalmente consigues un cierto nivel de maestría en el sublime arte de sentirte bien y a gusto estando solo, sin utilizar a ningún compañero sentimental como parche. Sólo entonces estás verdaderamente preparado para cultivar el apego seguro, vinculándote emocionalmente desde la no-necesidad. Y es que una cosa es *querer* estar en pareja. Y otra muy distinta, *necesitar* tener una.

El quid de la cuestión es que hoy en día muy pocos han alcanzado este estadio evolutivo. Más que nada porque implica un trabajo interior tan peliagudo como doloroso. Para empezar has de limpiar y reprogramar tu subconsciente, sanando los traumas transgeneracionales que se originaron en tu niñez. También has de estar en paz genuinamente con tus padres, liberándote de su influencia psicológica. Y, por supuesto, es fundamental que te reconcilies con tu niña (o niño) interior, trascendiendo tu herida de abandono. Sólo así llega un día en el que caminas por la vida sintiendo que todo está bien y que no te falta de nada.

Culminar con éxito estos tres grandes aprendizajes vitales te convierte *oficialmente* en un adulto consciente y sano, realmente preparado para amar de forma libre y desapegada. Coloquialmente se le conoce como «amor consciente», «amor trascendente» o «amor evolucionado».[81] Se trata de la energía más poderosa que hay en todo el universo. Brota directamente de tu verdadera esencia cuando estás plenamente presente. Y es la forma más contundente de triturar el ego. Más que nada porque consiste en dejar de mirarte tanto el ombligo, dejando a un lado tus deseos, necesidades y expectativas narcisistas y egocéntricos.

El amor no duele, sana

El amor evolucionado no pide, da. No juzga, comprende. No espera, fluye. No controla, confía. No culpa, toma responsabilidad. No limita, potencia. No encarcela, libera. No posee, suelta. No necesita, ofrece. No discute, acepta. No exige, sirve. No mendiga, genera. No retiene, entrega. No depende, expande. No teoriza, practica. No piensa, siente. No duele, sana. Y en definitiva, el amor evolucionado no quiere, ama. Nace de tu propia felicidad. Te hace sentir abundante y pleno. Te lleva a priorizar al ser humano que tienes delante de ti. Y a ver de qué modo puedes ser cómplice de su bienestar. Eso sí, respetando tus propios límites y sin llegar nunca a perderte en el otro.

Cuando amas de manera consciente te das cuenta de que el otro también eres tú. Así es como comprendes que amar a los demás es otra forma de amarte a ti. El amor evolucionado te lleva a valorar y agradecer la compañía ajena, aun sabiendo que no la necesitas. Al menos no en exceso. Y te inmuniza de cualquier posibilidad de cultivar una dependencia enfermiza. Parte de la premisa de que estabas en paz antes de estar con esa persona especial, con lo que sabes que seguirás estando en paz en caso de que deje de estar en tu vida. Evidentemente, el dolor es inherente a cualquier ruptura sentimental. Sin embargo, cuando amas de forma trascendente no sufres tanto durante el proceso de duelo, pues en el fondo deseas genuinamente que el otro sea feliz, aunque sea sin ti.

El denominador común que tienen todas las personas que practican el amor evolucionado es que en algún momento de su existencia han atravesado la noche oscura del alma. Si aspiras a ser una de ellas, es fundamental que en esos momentos de tinieblas y oscuridad te sumerjas en lo más profundo de tu vacío y de tu dolor. Y que en vez de tomar el camino trillado que suelen escoger los sociodependientes —volverte adicto a la vida social en general y a una pareja en particular— optes por recorrer la senda del autoconocimiento en solitud. Sólo así encontrarás finalmente un *interruptor* en tu interior que te lleve a despertar del sueño egoico, empezando a vivir conscientemente. No lo olvides: amar tu soledad es imprescindible para poder cultivar el amor evolucionado.

Para amar de verdad has de ser feliz.
Para ser feliz has de amar de verdad.

RABINDRANATH TAGORE

X

Nunca estás (del todo) solo

Un padre y su hija de once años estaban desayunando juntos un domingo por la mañana en la cocina de su casa. De pronto, sin venir a cuento, la niña le preguntó: «Papá, ¿dónde está dios? Me gustaría verlo.» Aquel hombre no era religioso, pero sí estaba muy conectado con su dimensión espiritual laica. Para él «dios» era sinónimo de «vida», «realidad» y «universo»... Y mientras su hija le miraba fijamente a los ojos —llena de curiosidad—, se quedó en silencio unos segundos, sin saber muy bien qué responderle.

De pronto el padre tuvo una idea. Cogió un vaso de cristal, lo llenó de agua y le dijo a su hija que bebiera un sorbo. Y seguidamente le preguntó: «¿A qué sabe?» La niña se encogió de hombros y respondió: «A agua.» A continuación, el hombre volvió a coger el vaso y salió de la cocina en dirección a la despensa. Sin que su hija lo viera, depositó en él un terrón de azúcar. Y removió el agua con una cucharilla hasta que se disolvió por completo. Luego volvió a sentarse junto a la pequeña.

«Bebe otro sorbo», le dijo al cabo. Y eso hizo su hija. «¿A qué sabe ahora?», sonrió su padre. «¡A azúcar!», respondió contenta la niña. El padre asintió y le preguntó: «¿Puedes verlo?» Su hija observó detenidamente el vaso de cristal y negó con la cabeza. «No veo el azúcar, tan sólo el agua.» A lo que el hombre concluyó: «Pues lo mismo sucede con dios: no se puede ver con los ojos, pero sí lo puedes sentir y experimentar con el corazón».[82]

38. Trascendiendo la solitud

A modo de epílogo quiero terminar con una reflexión muy hierbas. Por favor, no te creas nada de lo que leas a continuación. Sé muy escéptico. Principalmente porque voy a intentar explicar con palabras algo que es imposible transmitir a través del lenguaje. Procura verificarlo a través de tu propia experiencia. Eso sí, ya te avanzo que no hay nada que *tú* puedas hacer para vivenciarlo, pues la vivencia que estoy a punto de relatarte deviene precisamente cuando trasciendes el *yo* con el que sueles estar tan identificado. No es algo que puedas hacer o lograr, sino más bien es algo que sucede, si es que tiene que suceder(te)...

En fin, voy a ello. La bomba que quiero soltarte es que «la solitud no existe». Aun a riesgo de que me taches de loco o de esotérico, me animo a compartirlo contigo a raíz de una experiencia mística que me sobrevino a los veinticinco años mientras leía un tratado sobre espiritualidad[83] y que muchos años más tarde volví a recordar durante una ceremonia de ayahuasca. En ambas ocasiones emergió por encima de mí una observación neutra e impersonal que atestiguó la muerte del ego.

En aquel espacio-tiempo no había ningún *yo*. Era una experiencia sin experimentador. De hecho, no había nadie ni nada, tan sólo una sensación de consciencia, presencia y dicha que lo inundaba todo. Obviamente fue algo temporal. Tal como vino se marchó, volviendo a identificarme nuevamente con mi personaje. Pero dejó una huella imborrable en mi corazón, que es desde donde escribo las líneas que siguen.

No eres un yo separado de la realidad

Te recuerdo que la tesis central de este libro es que la sensación psicológica de abandono, soledad y falta de amor no tiene nada que ver con la solitud. Es decir, con el acto físico de estar solo. La causa de esta emoción tan dolorosa —y tan difícil de sostener— se encuentra en la excesiva identificación con el ego. De hecho, este mecanismo de defensa que desarrollaste para sobrevivir a tu infancia es —en sí mismo— la soledad. No en vano, cuando vives inconscientemente —enajenado de tu verdadera esencia— te crees todos los pensamientos egocéntricos que te suministra tu mente neurótica. Y uno de los más recurrentes es hacerte creer que eres un *yo* separado de la realidad y de los demás.

Si bien esta creencia está muy arraigada en el inconsciente colectivo de la sociedad, se trata de un espejismo. Es una burda mentira, una ficción inventada por la mente. Basta un destello de consciencia y lucidez para darte cuenta de que no existe tal cosa como la separatividad. Cuando te desidentificas del ego —y reconectas con el espíritu— verificas empíricamente que estás totalmente unido y conectado con la existencia. No hay separación entre tú y la vida, pues la vida y tú sois lo mismo. Esencialmente porque el *yo* es una ilusión cognitiva, un producto conceptual creado a través del lenguaje y desarrollado por medio de pensamientos y creencias. La única razón por la que sientes soledad es porque te crees las historias que el ego te cuenta cuando vives identificado con él.

La verdad más verdadera que puedes llegar a comprehender en esta vida es que no estás separado del universo. Todo lo que acontece es una expresión única y no dual de la consciencia de unidad que envuelve toda la existencia. El quid de la cuestión es que esta realidad última no es comprensible a través de la mente, el intelecto y el lenguaje. Más que nada porque está más allá de la mente, el intelecto y el lenguaje. De ahí que sea completamente imposible expresarlo con palabras. A eso se refiere la expresión «cuando el sabio señala a la luna el necio se queda mirando el dedo».[04]

LA DISOLUCIÓN TEMPORAL DEL EGO

La forma más directa de experimentarlo —y por tanto de comprehenderlo— es cultivando el silencio y la meditación a diario. Cuando se llevan a cabo con sabiduría, estas prácticas contribuyen a la disolución temporal del ego y, por tanto, a la reconexión con la dimensión espiritual. Y si bien no depende de ti, a base de observar la mente puede que la vida te regale un vislumbre de quien verdaderamente eres: la consciencia-testigo desde la cual se ve desde fuera el personaje con el que te has venido identificando y por medio de la que se vivencia con atención plena el instante presente que deviene en cada momento.

En resumidas cuentas, la identificación con el ego te lleva a perpetuar la creencia de la separatividad. Y ésta, a experimentar soledad y sufrimiento. En cambio, la reconexión con el ser esencial te lleva a fusionarte con la unidad. Y ésta, a vivenciar conexión y felicidad. Así es como poco a poco trasciendes la solitud, sintiendo una genuina alegría al estar contigo mismo. Y llega un momento en el que sabes que nunca estás (del todo) solo, pues te sientes acompañado por la vida, tu eterna compañera de viaje.

Esta toma de consciencia transforma por completo tu mentalidad y tu visión de la realidad. Si bien parece que naces y mueres sólo en un plano físico y terrenal, a nivel espiritual estás constantemente acompañado y apoyado por dios, la existencia, la realidad, el universo o como prefieras llamarlo. La compañía que anhelas siempre ha estado aquí y ahora —en todas partes—, dentro y fuera de ti. Despertar es darte cuenta de que es imposible estar solo. Ése es el verdadero secreto para dejar de sentirte solo. ¿Cómo podrías si hay todo un universo dentro de ti?

¡Oh, solitud, patria mía!

FRIEDRICH NIETZSCHE

Súmate
a la revolución

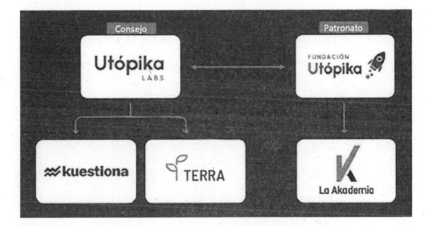

Si después de leerte este libro quieres sumarte a la revolución de la consciencia te animo a que investigues acerca de los siguientes proyectos que venimos impulsando y liderando desde 2009:

Utópika Labs. Se trata de un *conscious venture builder* que se dedica a idear, diseñar, crear y financiar compañías con impacto social. Estamos especializados en proyectos educativos orientados a democratizar el autoconocimiento, despertar la consciencia de la humanidad y cambiar de raíz la mentalidad de la sociedad. Más información en www.utopika labs.com.

Kuestiona. Se trata de una comunidad educativa para buscadores e inconformistas. Su finalidad es transformar vidas a través de programas presenciales y online orientados a empoderar a nuestros alumnos, de manera que crezcan en consciencia y sabiduría en las diferentes áreas de su vida. Más información en www.kuestiona.com.

Terra. Se trata de un proyecto de escuela consciente e innovador que promueve un nuevo paradigma educativo, cuya finalidad es ofrecer una verdadera educación a los alumnos de entre 1 y 18 años. En vez de prepararlos para superar la prueba de la selectividad los acompañamos para disfrutar plenamente de la vida. Más información en www. terraec.es.

La Akademia. Se trata de un movimiento ciudadano que promueve educación emocional y emprendedora gratuita para jóvenes de entre 18 y 23 años. Su misión es acompañar a estos chavales para que descubran quiénes son y cuál es su auténtico propósito, de manera que puedan reinventarse y prosperar en la nueva era. Más información en www.laakademia.org.

Fundación Utópika. Se trata de una fundación por medio de la que apoyamos iniciativas educativas solidarias al tiempo que damos becas para que personas sin recursos puedan acceder a la educación consciente que promueve el resto de nuestros proyectos. Más información en www. fundacionutopika.org.

Notas

1. Metáfora extraída del libro *Parerga y paralipómena*, de Arthur Schopenhauer.
2. En referencia a la novela *El lobo estepario*, de Herman Hesse.
3. En referencia a la canción *With or without you*, de U2.
4. Atribuida a Arthur Schopenhauer.
5. Aforismo del poeta metafísico John Donne.
6. Concepto inventado por la escritora y coach Irene Orce.
7. Cuento inventado por el autor.
8. Información extraída del libro *Una biografía de la soledad*, de Fay Bound Alberti.
9. Información extraída del libro *Solosofía*, de Nika Vázquez Seguí.
10. Información extraída del libro *Solitary confinement*, de Sharon Shalev.
11. Información extraída del video *Loneliness*, realizado por Kur-

zgesagt – In a Nutshell, el cual está basado en el libro *Loneliness: human nature and the need for social connection*, de John T. Cacioppo y William Patrick.

12. Ídem.

13. Ídem.

14. Lo dijo literalmente la primera ministra británica Theresa May en 2018.

15. Se trata del último informe mundial realizado por la asociación Roots of Loneliness.

16. Ídem.

17. Tal como explica el artículo «La soledad, un problema de salud pública que aumenta el riesgo de enfermar y morir» publicado en *El País* el pasado 11 de enero de 2023 por Jessica Mouzo.

18. Cuento extraído del libro *Los secretos de la mente millonaria*, de T. Harv Eker.

19. Concepto basado en las tres fases del desarrollo psicológico según la psicoanalista y pediatra Margaret Mahler, pionera en el campo de la psicología evolutiva.

20. Ídem.

21. Ídem.

22. Ídem.

23. En alusión a la película *Groundhog day*, de Harold Ramis.

24. Aforismo atribuido a Banksy.

25. No entendido como el trastorno narcisista de la personalidad, sino como un rasgo del ego humano.

26. Información extraída del libro *Sobrevivir a una madre narcisista*, de Olga Fernández Txasko.

27. Ídem.

28. Aforismo de Krishnananda.

29. Concepto atribuido a la psicóloga familiar Lindsay C. Gibson.

30. Información extraída del libro *Hijos adultos de padres emocionalmente inmaduros*, de Lindsay C. Gibson.

31. Ídem.

32. Información extraída de los libros *Sobrevivir a una madre narcisista*, de Olga Fernández Txasko y *Madres narcisistas*, de Caroline Foster.

33. Información extraída del libro *Hijos adultos de padres emocionalmente inmaduros*, de Lindsay C. Gibson.

34. Según un estudio de la Universidad de Harvard realizado en 1950 por el psicoanalista Rene Spitz, según el cual se descubrió que el elevado índice de mortalidad de bebés que registran los orfanatos se debe a la falta de cariño, afecto y amor.

35. Según varias investigaciones lideradas por el pediatra neonatólogo Nils Bergman, experto en neurociencia perinatal.

36. Teoría desarrollada por el psicoanalista John Bowlby.

37. Información extraída del libro *El miedo al rechazo en la dependencia emocional*, de Jorge Castelló.

38. Información extraída de los libros *Sobrevivir a una madre narcisista*, de Olga Fernández Txasko.

39. Información extraída del libro *Hijos adultos de padres emocionalmente inmaduros*, de Lindsay C. Gibson.

40. Información extraída del libro *Volver a casa*, de John Bradshaw.

41. Cuento extraído del libro *Un minuto para el absurdo*, de Anthony de Mello.

42. Concepto inventado por el autor.

43. Información extraída del libro *Libérate de los atracones en 5 pasos*, de Laia Colilles.

44. Síndrome inventado por el autor.

45. Aforismo de Sigmund Freud.

46. Concepto inventado por el autor.

47. Cuento basado en el libro *¿Dónde están las monedas?*, de Joan Garriga.

48. Información extraída del libro *Sanando las relaciones de pareja*, de Pablo Flores.

49. Información extraída del libro *¿Dónde están las monedas?*, de Joan Garriga.

50. Ídem.

51. Información extraída del libro *El arte de cuidar a tu niño interior*, de Thich Nhat Hanh.

52. Concepto extraído del libro *De la codependencia a la libertad*, de Krishnananda.

53. Información extraída del libro *Sanando las relaciones de pareja*, de Pablo Flores.

54. Concepto extraído del libro *De la codependencia a la libertad*, de Krishnananda.

55. Inspiradas en el libro *Volver a casa*, de John Bradshaw.

56. Cuento inventado por el autor.

57. Información extraída del libro *La superación de la dependencia emocional*, de Jorge Castelló.

58. Ídem.

59. Según los últimos informes elaborados por App Annie y Digital Consumer.

60. Concepto extraído del libro *Minimalismo digital*, de Carl Newport.

61. Información extraída del libro *Minimalismo digital*, de Carl Newport.

62. Información extraída del libro *El arte de cuidar a tu niño interior*, de Thich Nhat Hanh.

63. Información extraída del libro *Recuperar el niño interior*, de varios autores.

64. Información extraída del libro *Honjok*, de Francie Healey.

65. Cuento inventado por el autor.

66. Término acuñado en 1982 por Akiyama Tomohide, director de la Agencia Forestal de Japón.

67. Información extraída del libro *El poder del bosque*, de Dr. Qing Li.

68. Ídem.

69. Información extraída del libro *Aprender a amar*, de Osho.

70. Cuento inventado por el autor.

71. Según un reciente estudio de *Our world in data*, elaborado por la Universidad de Oxford.

72. Dato extraído del libro *Going solo*, de Eric Klinenberg.

73. Según el Instituto Nacional de Estadística (INE).

74. Información extraída del libro *Ni felices ni para siempre*, escrito con mi pseudónimo Clay Newman.

75. Cuento inventado por el autor.

76. Concepto extraído del libro *Solosofía*, de Nika Vázquez Seguí.

77. Información extraída del libro *The anatomy of loneliness*, de Teal Swan.

78. Información extraída del libro *Maneras de amar*, de Amir Levine y Rachel Heller.

79. Ídem.

80. Ídem.

81. Concepto extraído del libro *La superación de la dependencia emocional*, de Jorge Castelló.

82. Este cuento me lo explicó mi *abuela* espiritual, Pilarín Romero de Tejada.

83. Concretamente *La Aceptología*, de Gerardo Schmedling.

84. Atribuida a Confucio.

El Eneagrama es la mejor herramienta de autoconocimiento que existe para ser consciente de cómo el ego te mantiene esclavizado.

El Eneagrama se ha consolidado como la herramienta más eficaz para iniciar el viaje del autoconocimiento porque va a la raíz de nuestros conflictos emocionales y existenciales. Porque es muy fácil de poner en práctica. Porque es apta para escépticos. Y, sobre todo, porque funciona. Enseguida aporta resultados beneficiosos tangibles. Se trata de un manual de instrucciones bastante preciso de la condición humana. Describe a grandes rasgos los nueve tipos de personalidad que determinan por qué en general somos como somos.

Su gran aportación es que hace una radiografía del ego y del ser esencial para que seas más consciente de las luces y las sombras que habitan dentro de ti. También explica el proceso de transformación que has de seguir para liberarte de la jaula mental que tanto sufrimiento te provoca. Y está diseñado para que experimentes un orgasmo emocional. Es decir, un momento eureka que signifique un punto de inflexión en tu vida. Tan solo existe un requisito para que esto ocurra: ser radicalmente honesto contigo mismo mientras te miras en este espejo del alma.

«La auténtica libertad es ser consciente de quién verdaderamente eres. Eso es lo único que falta en tu vida». SRI RAMANA MAHARSHI

BORJA VILASECA

LAS
CASUALIDADES
NO EXISTEN

ESPIRITUALIDAD
PARA ESCÉPTICOS

VERGARA

**El libro que hará que los creyentes cuestionen la religión
y los ateos se abran a la espiritualidad.**

Estamos viviendo un hecho histórico imparable: cada vez la gente cree menos en las instituciones religiosas y —sin embargo— está cada vez más en contacto con su dimensión espiritual. Y esto se debe a que se está democratizando la sabiduría, provocando que los buscadores occidentales se adentren en la filosofía oriental. Como consecuencia de este viaje de autoconocimiento se está produciendo un despertar masivo de consciencia. Es decir, un profundo cambio en nuestra manera de concebirnos a nosotros mismos y de relacionarnos con la vida.

Todas las personas que han despertado —creyentes, ateas o agnósticas— comparten una misma vivencia: que no sucede lo que queremos, sino lo que necesitamos para aprender y evolucionar espiritualmente. De ahí que las casualidades no existan. Este libro explica cómo liberarnos de la «pecera mental» en la que nuestra mente sigue encerrada para sentirnos nuevamente unidos y conectados con la vida, recuperando la alegría innata que nos provoca el simple hecho de estar vivos. No te lo creas: atrévete a experimentarlo.

**«La religión es para quienes tienen miedo de ir al infierno,
mientras que la espiritualidad es para quienes
ya hemos estado en el infierno».
PROVERBIO SIOUX**

Si quieres conocer el mercado laboral que se avecina, léete este libro.
Si quieres sobrevivir y prosperar en la nueva era, ponlo en práctica.

El mundo para el que fuimos educados está dejando de existir. Las reglas del juego económico han cambiado. Somos una generación de transición entre dos eras: la industrial/analógica y la del conocimiento/digital. De ahí que no nos quede más remedio que reinventarnos, cuestionando las viejas creencias y consignas con las que fuimos condicionados. En caso de no hacerlo, pronto estaremos obsoletos y nos quedaremos fuera del mercado.

Lo más difícil consiste en vencer el miedo al cambio. Irónicamente, evitar el riesgo y permanecer en nuestra zona de comodidad es lo más arriesgado que podemos hacer. Ha llegado la hora de saltar al vacío y emprender la travesía por el desierto, descubriendo de qué manera podemos desarrollar una profesión útil, creativa y con sentido que aporte mucho valor añadido. Solo así lograremos gozar de ingresos económicos abundantes y recurrentes en esta nueva era.

«Quien quiere encontrará un medio; quien no, una excusa».
PROVERBIO ÁRABE

BORJA VILASECA

El sinsentido común

Atrévete a seguir tu propio camino en la vida

**Quítate la venda de los ojos y cuestiona tu sistema de creencias.
Sé valiente, abraza el cambio y atrévete a vivir tu propia vida.**

En general llevamos una existencia de segunda mano, artificial y prefabricada. Lo cierto es que estamos completamente perdidos en el arte de vivir. No sabemos quiénes somos ni para qué vivimos. Ni tampoco cómo sentirnos verdaderamente felices. Dado que no contamos con ninguna brújula interior, simplemente nos dedicamos a seguir el camino trillado por el que circula la mayoría. Estudiamos. Trabajamos. Consumimos. Y nos entretenemos, volviéndonos adictos a todo tipo de parches para tapar nuestro vacío.

Sin embargo, tarde o temprano nos adentramos en una profunda crisis existencial, experimentando una saturación de sufrimiento. Es entonces cuando hacemos algo revolucionario: iniciar un proceso de autoconocimiento, cuestionando las creencias con las que fuimos condicionados por la sociedad. A su vez nos liberamos de todas las cadenas mentales que nos mantenían presos. Y como consecuencia nos atrevemos a seguir nuestro propio camino en la vida, honrando nuestra singularidad como seres humanos..

**«Cada vez que te encuentres del lado de la mayoría
es tiempo de hacer una pausa y reflexionar».
MARK TWAIN**

Por el autor de Encantado de conocerme

Borja Vilaseca

El Principito
se pone
la corbata

*Una fábula
para redescubrir
lo que de verdad importa*

Más de
100.000
ejemplares
vendidos

DEBOLSILLO *clave*

Un libro que cambiará tu manera de vivir el trabajo.
Una historia que revolucionará tu forma de concebir
las empresas.
Un personaje inolvidable que transformará tu visión
de la vida para siempre.

Esta fábula basada en hechos reales narra la historia de Pablo Príncipe, un joven inconformista y visionario que tras padecer una crisis existencial descubre su propósito de vida. Después de regresar de un viaje épico por Madagascar, se convierte en el nuevo responsable de personas y valores de una empresa marcada por el conflicto y el sufrimiento. Y nada más llegar, imparte un curso de crecimiento personal para desarrollar el talento de los trabajadores. Enseguida se encuentra con la resistencia al cambio del consultor jefe, el iracundo Ignacio Iranzo.

A partir de ahí, se libra una lucha de poder entre ambos, un pulso entre lo viejo y lo nuevo, el cual pone en jaque el necesario proceso de transformación cultural de la organización. A su vez, Príncipe intentará inspirar al presidente de la compañía, el miedoso Jordi Amorós, para que haga algo revolucionario: conseguir que el objetivo de la empresa sea crear riqueza de forma íntegra y ética, ganando dinero como resultado.

«El mundo entero se aparta cuando ve pasar
a un hombre que sabe hacia dónde va».
ANTOINE DE SAINT-EXUPÉRY

BORJA VILASECA

Encantado de conocerme

Comprende tu personalidad
a través del Eneagrama

VERGARA

**El Eneagrama es un espejo del alma.
¿Tienes la honestidad de mirarte en él?**

Hay tantos caminos para conocerse a uno mismo como seres humanos hay en este mundo. Estar verdaderamente bien con nosotros mismos es una simple cuestión de sabiduría. Y aunque es cierto que puede aprenderse sin ayudas externas, existen algunas herramientas psicológicas que contribuyen a facilitar, profundizar y acelerar este proceso de autoconocimiento. El Eneagrama es una de ellas. Es como un manual de instrucciones de la condición humana mediante el que podemos comprender las motivaciones profundas muchas veces inconscientes que hay detrás de nuestras conductas y actitudes.

A través de la descripción de nueve tipos de personalidad, nos ayuda a ir más allá del ego y a reconectar con nuestra verdadera esencia. Este libro es muy fácil y sencillo de leer. Y está inspirado en los más de 300 seminarios que el autor ha impartido desde 2006 sobre Eneagrama a más de 15.000 participantes en España y Latinoamérica, pudiendo verificar empírica y científicamente el impacto tan positivo que tiene en la vida de las personas conocerse y comprenderse a través de esta herramienta de autoconocimiento.

**«Las verdaderas batallas se libran en nuestro interior».
SÓCRATES**

Este libro es un medicamento.
Antes de consumirlo, lee todo el prospecto.
Y en caso de duda, consulta contigo mismo.

Ningún farmacéutico puede darte lo que verdaderamente necesitas. La medicina moderna occidental parte de una premisa equivocada: se enfoca en combatir la enfermedad y no en promover la salud. Sin embargo, este medicamento no pretende aliviar tu dolor; está diseñado para erradicar la raíz de tu sufrimiento. No es apto para todo el mundo. Está indicado para personas que ya no necesitan sufrir más.

Para que este medicamento funcione, has de estar comprometido con curarte. Solo tómalo si ser feliz es tu prioridad. Este medicamento contiene veintiuna fortalezas del alma humana con las que afrontar la adversidad con sabiduría. Y están basadas en los valores filosóficos del estoicismo en general y en las enseñanzas de Séneca en particular. Al acabar el tratamiento, la relación contigo mismo, con los demás y con la vida habrá mejorado notablemente.

«La sabiduría es la única medicina que cura
las enfermedades del alma».
SÉNECA

CLAY NEWMAN
Pseudónimo de **BORJA VILASECA**

NI FELICES
NI PARA SIEMPRE

Una nueva forma de entender
las relaciones de pareja

DEBOLSILLO *clave*

La finalidad de la pareja es aprender a transformarse juntos, creciendo mucho más de lo que uno puede hacerlo por separado.

No existe ninguna otra actividad que se inicie con tantas expectativas y esperanzas y que fracase tan a menudo como la relación de pareja. De hecho, es increíble lo mucho que dos personas que dicen quererse pueden llegar a herirse y destruirse en nombre del amor. Ha llegado la hora de afrontar una verdad muy incómoda: que el molde de pareja convencional ha quedado desfasado. Prueba de ello es la epidemia de separaciones y divorcios.

El amor no se termina cuando dos personas se casan, sino cuando dejan de comportarse como novios. Es una cuestión de cambiar de actitud. Para ello, cada miembro de la pareja ha de aprender a ser feliz por sí mismo. El gran reto que tienen las parejas contemporáneas consiste en atreverse a crear un nuevo acuerdo que honre la singularidad de cada ser humano. Y en el que la libertad y el amor florezcan hasta manifestar su máxima expresión.

**«La función de tu pareja no es hacerte feliz,
sino hacerte consciente».
ECKHART TOLLE**

«Para viajar lejos no hay mejor nave que un libro».

EMILY DICKINSON

Gracias por tu lectura de este libro.

En **penguinlibros.club** encontrarás las mejores
recomendaciones de lectura.

Únete a nuestra comunidad y viaja con nosotros.

penguinlibros.club

penguinlibros

until he was down in the crater beside Kohler. It should have been his most triumphant moment, but the childlike gratitude in Kohler's terrified eyes robbed him of everything but pity.

Another shell ripped into the fo'c'sle and sent the broken gun rolling from its smashed mounting. Like a giant gate it crashed across the mouth of the crater and sealed the two occupants below.

Pieck felt the water cold about his feet, and looked upwards towards the tiny crack of filtered daylight. The water seemed to have reached his shins, and he was tempted to run screaming against the impenetrable barrier of steel. He felt a groping hand feeling frantically for him in the darkness, and with sudden determination he grasped it with his own. Then, in silence, they both waited.

       ■   ■   ■   ■   ■

Damrosch pushed a seaman away from the swaying whaleboat as it hung alongside the boatdeck. 'Get back there! Put these men aboard!'

He saw the dory and another whaleboat idling clear from the ship as it reduced speed, crammed with men, prisoners and hastily gathered wounded. Other heads bobbed in the smoke-covered water and then vanished astern; friend or foe he could not tell, nor did he care.

He realised suddenly that he had fallen to the deck and sat almost on the edge, his shocked eyes staring at the blood which seeped steadily down his leg.

A man seized him and bundled him into the boat, and then he was dropping down the ship's listing side. He was aware that the girl was crouched with him, and that a great silence had fallen. He lay back and stared at the blue sky beyond the smoke. I am alive, he thought. I am still alive.

       ■   ■   ■   ■   ■

Schiller scrambled up the port bridge ladder and pushed his way into the listing wheelhouse. He did not know why he had come, but felt a strange relief as he saw Lieutenant Heuss and the huddled figure of the Captain.

Schiller gathered von Steiger into his arms and staggered

383

down the steep slope of the deck. 'I have him, sir! Come on, Lieutenant! There's nothing more you can do!'

Heuss paused in the canting doorway and peered back through the smoke. The wheelhouse was already lifeless and dead, like the men who were sprawled across its splintered deck.

With a sigh he followed the big seaman, and scrambled down the ladder to the deserted deck. It was barely feet above the hungry water, and he saw with dulled amazement that a boat was still hooked on and hands were already helping Schiller and von Steiger over the gunwale. The boat pulled clear, and even the wounded seamen were silenced as a great shadow loomed across the calm water and blotted out the sun.

Von Steiger struggled weakly. 'Help me up! Quickly!'

He felt himself lifted above the gunwale so that he, too, was beneath the great shadow. Above him the *Vulkan* loomed like a black pinnacle of rock as she slowly lifted her stern towards the sky. Von Steiger raised his fingers to the peak of his cap.

With a great roar of inrushing water the *Vulkan* dived, as if eager to be gone from pain and humiliation.

Von Steiger watched the swirling whirlpool and said, 'Was the flag still there, Heuss?'

Heuss stared across his head at the girl, who held von Steiger's shoulder against her breast, her eyes brimming with tears. Behind them the British cruiser moved slowly towards the drifting boats, and the sound of their cheering drifted across the quiet water.

Heuss wiped his blackened face, the strength coursing back to his limbs. 'Listen, Captain! There is your answer. They are cheering *you!*'

Von Steiger smiled, and allowed his head to fall back. Poor *Vulkan*, he thought wearily. Together, we became the last raider.